Luciano Santos Cardoso

Crowdfunding e Inovação: Um estudo sobre Startups

Luciano Santos Cardoso

Crowdfunding e Inovação: Um estudo sobre Startups

Dictus Publishing

Impressum/Imprint (nur für Deutschland/only for Germany)
Bibliografische Information der Deutschen Nationalbibliothek: Die Deutsche Nationalbibliothek verzeichnet diese Publikation in der Deutschen Nationalbibliografie; detaillierte bibliografische Daten sind im Internet über http://dnb.d-nb.de abrufbar.

Coverbild: www.ingimage.com

Contact:
International Book Market Service Ltd., 17 Rue Meldrum, Beau Bassin, 1713-01 Mauritius
Email: info@omniscriptum.com
Website: www.bookmarketservice.com

Published in 2018

Printed in: U.S.A., U.K., Germany. This book was not produced in Mauritius.
ISBN: 978-620-2-47962-2

Imprint (only for USA, GB)
Bibliographic information published by the Deutsche Nationalbibliothek: The Deutsche Nationalbibliothek lists this publication in the Deutsche Nationalbibliografie; detailed bibliographic data are available in the Internet at http://dnb.d-nb.de.

Cover image: www.ingimage.com

Contact:
International Book Market Service Ltd., 17 Rue Meldrum, Beau Bassin, 1713-01 Mauritius
Email: info@omniscriptum.com
Website: www.bookmarketservice.com

Published in 2018

Printed in: U.S.A., U.K., Germany. This book was not produced in Mauritius.
ISBN: 978-620-2-47962-2

LUCIANO SANTOS CARDOSO

INOVAÇÃO E CROWDFUNDING: UM ESTUDO SOBRE STARTUPS

Orientador: Prof. Dr. Moises Ari Zilber

FOZ DO IGUAÇU

2018

A minha esposa Lilian, pelo apoio, amor e suporte durante a construção deste trabalho, aos meus filhos Augusto e Alexandre, pelo tempo que me dediquei neste trabalho. Aos meus pais Antonio e Lurdes, pelo suporte necessário. A todos esses, que são a minha motivação para seguir em frente todos os dias.

AGRADECIMENTOS

Agradeço à Deus, por me dar condições de saúde e os recursos necessários.

Ao Prof. Dr. Moíses Ari Zilber, pelas valiosas orientações e contribuições.

Ao Prof. Dr. Silvio Popadiuk, pela coordenação deste programa de mestrado interinstitucional, que possibilitou esta obra.

Aos Prof. Dr. Wilson Toshiro Nakamura da Universidade Mackenzie e a Profa. Dra. Ana Akemi Ikeda da Universidade de São Paulo, pela importantes sugestões e contribuições, durante a banca de qualificação deste projeto.

Aos professores que nos ministraram aulas neste curso, meu muito obrigado. Pelas importantes lições aprendidas.

A todos os colegas de curso, muito obrigado pelos bons momentos que passamos juntos e em especial ao amigo Vinicius Pereira, pelo apoio.

Ao Prof. Dr. Fábio Hauagge do Prado e a Profa. Rosicler Hauagge do Prado, por propiciarem esta oportunidade ímpar.

Audaces fortuna juvat. (A sorte favorece os audazes).

Virgilio

RESUMO

O surgimento de um grande número de *startups* no Brasil, tem despertado o interesse da comunidade acadêmica por esta categoria de empresas, que estão fortemente baseadas, na geração de valor com produtos e serviços inovadores. São empresas jovens formadas por empreendedores que buscam fazer a diferença, não somente em termos econômicos, mas em termos da mudança da realidade em que estão inseridos. Desta forma, esta obra tem como objetivo responder a quatro questões, as *startups* fazem uso do *crowdfunding*; quais os tipos e formas de *crowdfunding* utilizado; quais as formas e níveis de inovação encontrados em operação, destas empresas e verificar se as *startups* de base tecnológica apresentam inovação como fator de inserção de mercado. Para isso, foi elaborada uma revisão bibliográfica, buscando a compreensão dos constructos motivadores deste trabalho: *crowdfunding* e inovação. No âmbito das empresas *startups*, foi realizada uma pesquisa qualitativa com análise de conteúdo, obtido em uma entrevista semiestruturada, aplicada a empresas *startup,* que passaram por campanhas de sucesso em plataformas de *crowdfunding* com relevância no mercado. Após análise do conteúdo, pode-se observar o fenômeno e chegar a conclusões sobre as suas características, assim verificamos as hipóteses levantadas com as perguntas que iniciaram esta pesquisa. Por meio da argumentação sobre os autores do referencial e os conteúdos analisados, pode-se identificar situações que justificaram as hipóteses levantadas. Foi realizado um estudo comparativo das respostas das empresas entrevistadas, onde pode-se observar os pontos em comum com as perguntas de pesquisa. O uso do *crowdfunding* por parte das *startups*, seu tipo, nível de inovação nas empresas e a inserção no mercado, ficam explícitos nas conversas com os entrevistados.

Palavras-chaves: *Crowdfunding*. Inovação. S*tartups*. Plataformas.

ABSTRACT

The emergence of a large number of startups in Brazil has aroused the interest of the academic community in this category of companies, which are strongly based on value generation through innovative products and services. They are young companies formed by entrepreneurs who seek to make a difference, not only in economic terms, but in terms of changing the reality in which they are inserted. In this way, this work aims to answer four questions, if the startups make use of crowdfunding; what types and forms of crowdfunding are used; what forms and levels of innovation are found in operation of these companies and to verify if technology-based startups present innovation as a factor of market insertion. For this, a bibliographical review was elaborated, seeking the understanding of the motivating constructs of this work: crowdfunding and innovation. In the scope of the startups companies, a qualitative research was carried out with content analysis, obtained through semi-structured interviews, applied to startup companies, that went through successful campaigns in platforms of crowdfunding with relevance in the market After analyzing the content, one can observe the phenomenon and infer about its characteristics, thus we verify the hypotheses raised with the questions that started this research. Through the argument about the authors of the referential and the contents analyzed, it is possible to identify situations that justified the hypotheses raised. A comparative study of the answers of the companies interviewed was carried out, where one can observe the convergences with the research questions. The use of crowdfunding by startups, their type, level of innovation in companies and the insertion in the market, are explicit in the conversations with the interviewees.

Keywords: Crowdfunding. Innovation. Startups. Platforms

LISTA DE FIGURAS

LISTA DE QUADROS

LISTA DE TABELAS

LISTA DE SIGLAS E ABREVIATURAS

ABSTARTUPS	Associação Brasileira de Startups
ALI	Agente Local de Inovação
BNDES	Banco Nacional de Desenvolvimento
CVM	Comissão de Valor Mobiliário
DIEESE	Departamento Intersindical de Estatística e Estudos Socioeconômicos
EUA	Estados Unidos da América
EPP	Empresa de Pequeno Porte
FINEP	Financiadora de Estudos e Projetos
IOT	Internet of Things
ME	Microempresa
OCDE	Organização para a Cooperação e Desenvolvimento Econômico
ONG	Organização Não Governamental
SEBRAE	Serviço Brasileiro de Apoio às Micro e Pequenas Empresas
TI	Tecnologia da Informação
TIC	Tecnologia da Informação e Comunicação
VC	Venture Capture

SUMÁRIO

1 INTRODUÇÃO

A busca da vantagem competitiva para conseguir o crescimento empresarial, seja ele em termos de expansão de mercados, lucratividade ou mesmo alianças estratégicas e abertura de capital inicial, devem levar as organizações a buscar estratégias para inovar e assim atuar em um determinado mercado (AFUAH, 1998).

Dois temas fundamentais estruturam a evolução recente do pensamento sobre estratégia empresarial: a vantagem competitiva e a mudança organizacional e estratégica. Embora distantes nas suas origens, tendo seguido por vários anos trajetórias paralelas, esses dois tópicos tendem a convergir progressivamente em função das rápidas mudanças econômicas e sociais que caracterizam a economia mundial na virada do século XXI. Uma série de contribuições teóricas e conceituais, tanto no campo da administração estratégica como no campo da Teoria das Organizações, levou a essa convergência. No campo da estratégia empresarial, em que, os trabalhos de pesquisa costumam basear-se em fundamentos econômicos, focalizando o conteúdo das estratégias. (PORTER, 2004)

A vantagem competitiva é alcançada por meio da definição, execução e monitoramento da estratégia. Nesse sentido, a estratégia representa a combinação que uma empresa faz entre seus recursos e capacidades internas com as oportunidades e ameaças do seu ambiente (GRANT, 1991). Vista de outra forma, a estratégia consiste na determinação dos objetivos de uma empresa, e na adoção de ações e alocação de recursos para atingir esses resultados (CHANDLER, 1962).

A inovação decorre do processo de evolução tecnológica (GRANT, 1998); da evolução das necessidades dos clientes e da intensidade da competição no segmento (ROBERTSON, 1999). Ela decorre também da aplicação do conhecimento existente, para a produção de um novo conhecimento, que não é fruto do acaso, requerendo esforços sistemáticos e organizados para ser obtida (DRUCKER, 1998).

A forma como a inovação ocorre, principalmente no viés tecnológico, tem sido fortemente apoiado por uma sociedade cada vez mais entusiasta por novas tecnologias, fazendo com que muitas políticas públicas tenham sido implementadas (SARKAR, 2010) para fomentar e apoiar o aparecimento e crescimento de empresas inovadoras de base tecnológica, que possuam tecnologias disruptivas (CÂNDIDO, 2011) e revolucionárias que venham a atender a novas necessidades dos mercados consumidores.

As empresas de base tecnológica que buscam a inovação como a própria razão para sua existência, nominadas comumente como *startups*, normalmente são compostas por poucos colaboradores sócios que se utilizam das economias pessoais e de parentes para alavancarem suas ideias (TABORDA, 2006). Deste perfil, muitas vezes carente, dos empreendedores surgiram alternativas como os fundos de capital de risco, investidores anjos e também o *crowdfunding* termo em inglês que se refere a uma forma coletiva e aberta de angariar fundos de investimento para seu projeto.

A arrecadação de fundos de muitos indivíduos para financiar uma causa e ou projeto, por meio da internet, não é uma novidade tão recente. Segundo o estudo de Jeff Howe (2008), esta modalidade de financiamentos via internet foi aplicada no ano 2000 para campanhas políticas nos Estados Unidos. Tal fenômeno se consolidou em 2008, na campanha de Barack Obama para a presidência do país, quando aproximadamente US$ 272 milhões (duzentos e setenta e dois milhões de dólares) foram doados por mais de dois milhões de pessoas por meio de pequenas quantias. Um dos primeiros indícios desse movimento foi quando a banda de roque inglesa Marillion, em 1997, conseguiu arrecadar com seus fãs, por meio de seu site, US$ 60.000 (sessenta mil dólares) para custear uma turnê nos EUA (HEMER, 2011).

Recentemente alguns pesquisadores publicaram trabalhos com intuito de estabelecer um marco teórico, no qual buscam analisar as variáveis econômicas que afetam a decisão de um empreendedor por uma particular forma de *crowdfunding* (pré encomenda de produtos ou participação nos lucros) (BELLEFLAMME; LAMBERT; SCHWIENBACHER,2013). Apesar das discussões nos meios de comunicação e entre os praticantes desta forma de financiamento, a literatura a respeito do *crowdfunding* ainda é incipiente, especialmente em relação suas práticas individuais, sendo que a literatura ainda não chegou a um consenso de conceito (BELLEFLAMME; LAMBERT; SCHWIENBACHER, 2013).

Entretanto, pode-se dizer que um dos seus objetivos principais, consiste em incrementar a capitalização de recursos monetários que um indivíduo ou grupo podem obter para custear a realização de um determinado projeto (JUSTO, 2015).

O *crowdfunding* então, consiste em uma alternativa nova comparada as formas tradicionais de financiamento, geralmente o proponente de um projeto expõe a sua proposta a alguma plataforma *crowdfunding*, por meio da qual várias pessoas ao redor do mundo possam visualizá-la e dar sua contribuição financeira, caso tenham algum interesse. (MENDONÇA; MACHADO, 2015)

Um dos pioneiros no *crowdfunding* mundial foi o projeto Diáspora nos EUA, uma rede social com a proposta de deixar a privacidade no controle do usuário. Este projeto levantou coletivamente uma quantia maior do que US$ 200 mil dólares, junto a mais de 6000 pessoas. Os idealizadores do projeto, inicialmente haviam pedido apenas U$ 10 mil e angariaram uma aproximadamente duas mil vezes a mais. Essa modalidade de financiamento tende a crescer exponencialmente para diversos países no mundo e alcançar a profissionalização, conforme vem ocorrendo atualmente no Brasil, com maior regulação do segmento de financiamentos. (SILVA; FREITAS, 2012)

Nestas plataformas se encontram uma ampla diversidade de propostas e projetos, assim como as motivações para tais contribuições, que vão desde pura filantropia até formas de participação no capital social de um empreendimento. Todavia, além de permitir a capitalização de um projeto ou ideia, os pesquisadores evidenciaram também que tais plataformas têm servido aos empresários para angariar melhores informações acerca do mercado para seus produtos e ou serviços (BELLEFLAMME; LAMBERT; SCHWIENBACHER, 2013).

O *crowdfunding* tem crescido muito no cenário brasileiro e vem se mostrando cada vez mais como uma alternativa viável de fomentar a inovação de empresas que se encaixam no perfil de *startup* (empreendimento recém-nascido). O Serviço Brasileiro de Apoio à Pequena Empresa (Sebrae) tem promovido vários programas e projetos para promover o empreendedorismo nas pequenas empresas dentre elas, as *startups* de base tecnológica.

Os participantes do financiamento coletivo já estão distribuídos por todo território Nacional. Essa participação é proporcional a atividade de cada região envolvida no financiamento coletivo, coincide com a distribuição populacional no país. Na pesquisa Retrato do Financiamento Coletivo no Brasil, da Catarse e Chorus em parceria com o Sebrae, apontaram que 2014 seria o ano de espalhar ainda mais essa ideia e divulgar do *crowdfunding* as regiões Nordeste, Norte e Centro-Oeste brasileiro (CATARSE; CHORUS, 2014).

Considerando os aspectos mencionados, o presente estudo tem como problema de pesquisa, a busca da resposta para a seguinte questão: a utilização do *crowdfunding* por *startups* de base tecnológica no Brasil é um fator que contribui para alavancar os produtos e serviços destas empresas?

Em decorrência, o objetivo geral deste estudo é identificar se o *crowdfunding* é uma estratégia de inovação e de crescimento adotados pelas empresas *startup* de base tecnológica no Brasil, e as etapas para alcança-las, os objetivos específicos são:

1) Verificar *startups* de base tecnológica no Brasil, fazem uso do *crowdfunding*;
2) Identificar os tipos e formas de *crowdfunding* utilizado pelas *startups* de base tecnológica;

3) Verificar se as *startups* de base tecnológica apresentam inovação como fator de inserção no mercado;
4) Identificar as formas e níveis de inovação encontrados na operação das *startups*.

Para atender a tais objetivos este trabalho está estruturado da seguinte forma, no capítulo 2 está o referencial teórico, onde é feita uma pesquisa de cunho bibliográfico, buscando nos autores seminais dos constructos que compõe a pesquisa, mais informações que nos auxiliem no entendimento de suas características. O capítulo 3 constitui-se de uma análise bibliográfica do âmbito onde está situada a pesquisa, as *startups*, busca-se neste capítulo a compreensão das caraterísticas e comportamentos adotados por estas empresas. No capítulo 4 observa-se uma explanação dos procedimentos metodológicos que serão aplicados. No capítulo 5 apresenta-se a análise das transcrições das entrevistas coletadas, com a separação em categorias visando a melhor classificação dos indícios encontrados nos conteúdos analisados.

Finalizando, no capítulo 6 encontram-se as considerações relativas a análise dos conteúdos extraídos na transcrição das entrevistas e a discussão entre as perguntas dos objetivos específicos com o que se encontrou durante a análise, contribuições e trabalhos futuros.

2 REFERENCIAL TEÓRICO

Com o intuito de fundamentar o desenvolvimento deste trabalho, esta parte da pesquisa é dedicada à apresentação dos conceitos de estratégia, inovação, *crowdfunding*, *startup* de maneira conectada com os objetivos específicos.

2.1 ESTRATÉGIA

A estratégia é o meio pelo qual a empresa busca realizar seus objetivos de longo prazo, de forma que toda a organização é afetada por ela e, também, pela sua ausência (AAKER, 2001). Além disso, suas proposições versam sob a criação de valor para os proprietários e acionistas, por meio da satisfação dos clientes e demais *stakeholders* (WRIGHT; KROLL; PARNELL, 2000). Portanto, o papel das estratégias pode alternar em diversos momentos da organização, cabendo, assim, abordar inicialmente os conceitos clássicos de estratégia sob o enfoque de vários autores.

Não há uma definição universalmente aceita para o conceito de estratégia. Chandler (1962) define-a como a determinação dos objetivos básicos de longo prazo de uma empresa e a adoção de ações adequadas e organização de recursos para atingir esses objetivos. Porter (2004) apresenta a formação da estratégia como um processo racional de análise deliberada, com o objetivo de maximizar a vantagem da empresa em longo prazo. Para Ansoff (1965), ela é um conjunto de regras de tomada de decisões em condições de desconhecimento parcial. Normalmente há uma confusão entre os conceitos de estratégia, planejamento estratégico e gestão estratégica. Para muitos, esses três convergem-se ao conceito de planejamento estratégico formal e preconcebido (MINTZBERG et al., 2006). Mintzberg et al. (2006) conceituam a gestão estratégica como um processo cíclico que envolve as etapas de planejamento, implementação, revisão e retroalimentação, garantindo, desta forma, que o planejado seja executado e seus resultados sejam monitorados. Mintzberg et al. (2000) apresentam a classificação de dez escolas do pensamento estratégico:

1) **Design** como um processo de concepção. Agente central: o principal executivo;
2) **Planejamento** como um processo formal. Agente principal: os planejadores;
3) **Posicionamento** como um processo analítico. Agente principal: os analistas estratégicos;
4) **Empreendedora** como um processo visionário. Agente principal: o empreendedor;

5) **Cognitiva** como um processo mental. Agente principal: a mente do estrategista;
6) **De Aprendizado** como um processo emergente. Agente principal: os aprendizes;
7) **Do Poder** como um processo de negociação. Agente principal: qualquer um detentor de poder;
8) **Cultural** como um processo coletivo. Agente principal: a interação social, a coletividade;
9) **Ambiental** como um processo reativo, visão de contingência. Agente principal: o próprio ambiente;
10) **De Configuração** como um processo de transformação. Agente principal: qualquer um, especialmente o executivo principal.

Segundo, Whittington (2002) são quatro as abordagens em relação a estratégia abordagem clássica em relação a estratégia de negócios ainda se trata de uma novidade, sendo que para os clássicos, a lucratividade é o objetivo supremo das empresas, e planejamento racional é a forma de como obtê-lo. Abordagem evolucionária, traz consigo menos confiança na habilidade da gerencia por exemplo em planejar e agir racionalmente, pois em vez de contar com os gerentes, os evolucionistas esperam que os mercados garantam a maximização do lucro. Na abordagem processual, de um modo geral, compartilha o ceticismo da teoria evolucionária quanto ao desenvolvimento racional da estratégia, mas tendo assim menos confiança na força dos mercados para assegurar resultados de maximização do lucro. Já na questão sistêmica, a estratégia é vista sob o prisma social. Dessa forma, sua ênfase está no ambiente externo. Segue abaixo (figura 1) com as 4 abordagens.

Figura 1 - As 4 abordagens da estratégia

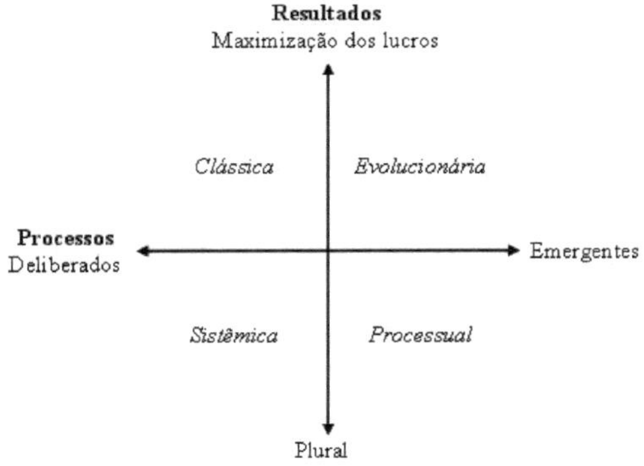

Fonte: Whittington, (2002)

Ansoff e McDonnell (1993) definem a estratégia de forma sistemática, compreendendo o estabelecimento de um conjunto de normativos e regras para a tomada de decisão e orientação do comportamento da empresa. Esse processo envolve o posicionamento e o relacionamento da empresa com o ambiente externo para salvaguarda e manutenção do seu sucesso. Para os autores, essas regras envolvem padrões de medição de desempenho presente e futuro, relação da empresa com o ambiente externo (produtos, tecnologias, clientes e concorrentes), processos internos (conceito organizacional) e políticas operacionais para as atividades diárias.

Aaker (2001) assinala que a estratégia é um processo decisório que envolve a prática ou a configuração de ativos, competências ou sinergias resultantes de seis dimensões de análise:

1) Mercado específico de um produto, ou seja, a oferta de produtos em mercados específicos;
2) Nível de investimento, que versa sobre as escolhas de investimentos (crescimento, posicionamento em mercado) e desinvestimentos;
3) Estratégias funcionais (produto, posicionamento, precificação, distribuição etc.);
4) Ativos estratégicos (recursos e competências que proporcionam vantagem competitiva);
5) Alocação de recursos;
6) Criação de valor entre unidades de negócios.

Segundo Porter (2004), a estratégia cria uma posição exclusiva e valiosa mediante a escolha, de forma deliberada, de um conjunto diferente de atividades para proporcionar um conjunto singular de valores.

Wright, Kroll e Parnell (2000) destacam que a estratégia contempla os planos formulados pela alta administração para alcançar os objetivos alinhados à missão e aos objetivos gerais da empresa.

Barney e Hesterly (2007) contemplam que a estratégia está associada à busca de vantagens competitivas pela exploração de oportunidades vislumbradas ao longo da evolução dos mercados. Os autores destacam ainda que o estabelecimento de uma boa estratégia deve ser sistemático e cauteloso, mediante um processo de administração estratégica que abarca a missão, os objetivos e as análises do ambiente interno e externo.

Hitt, Ireland e Hoskisson (2008) definem que o processo de administração estratégica envolve um conjunto de ações, decisões e responsabilidades necessárias para a obtenção de vantagens competitivas e retornos superiores. Segundo os autores, a vantagem competitiva é alcançada quando a empresa implementa uma estratégia custosa de ser imitada pela concorrência.

Hamel e Prahalad (1995) definem a estratégia no âmbito de seus recursos e afirmam que ela é desenvolvida sob a busca criativa e infindável de superações e limitações para a alavancagem dos recursos. Os autores contemplam ainda que a estratégia é extrapolada para fora dos limites da empresa, de forma que a concorrência cria a estrutura de setores futuros, mediante lideranças de competências essenciais.

A essência da estratégia é selecionar e desenvolver tecnologias e modelos de negócios que constroem a vantagem competitiva por meio da montagem e orquestramento de recursos difíceis de replicar, combinar, integrar e construir em ambientes que mudam constantemente. Nesse sentido, a empresa obtém vantagem competitiva se for capaz de responder ao mercado, perceber e agarrar as oportunidades vislumbradas (TEECE, 1986).

Qualquer empresa almeja alcançar a seus objetivos dentre eles a rentabilidade máxima. Muitas estratégias são utilizadas para se alcançar estes objetivos como maximização dos recursos, eliminação de ineficiências, melhoria da produtividade, tecnologia da informação no apoio a tomada de decisão, alianças com outras empresas, etc (PORTER, 2004).

Segundo Porter (2004), as empresas são rentáveis em função de determinadas forças competitivas básicas (figura 2), que as afetam, tais como:

1) **Rivalidade em relação aos concorrentes existentes**. O ritmo em que os concorrentes conseguem criar novos produtos, reduzindo os preços e aumentado a publicidade, tem impacto significativo sobre a rentabilidade do setor. Se a rivalidade nessa área for muito intensa, o potencial de lucratividade será menor.
2) **Ameaça de produtos ou serviços substitutos**. Um fabricante de computadores pessoais de mesa, por exemplo, atualmente se vê ameaçado pelos *smarthphones* e *tablets* que realizam um grande número de atividades, antes exclusivas dos computadores pessoais, sejam realizadas através deles. Esse desafio não advém de um concorrente conhecido, e sim de uma empresa que fabrica outro produto que tem a mesma função.
3) **Ameaça de novos concorrentes**. Se novas empresas puderem facilmente começar a concorrer em determinado setor, a rentabilidade também será prejudicada.
4) **Poder dos clientes**. Um cliente com grande poder de compra pode forçar a redução dos preços e eliminar a rentabilidade de um negócio.

5) **Poder de negociação dos fornecedores**. Da mesma forma, um fornecedor influente pode aumentar os preços e fazer desaparecer o potencial de lucro de determinada atividade.

Figura 2 - Forças competitivas

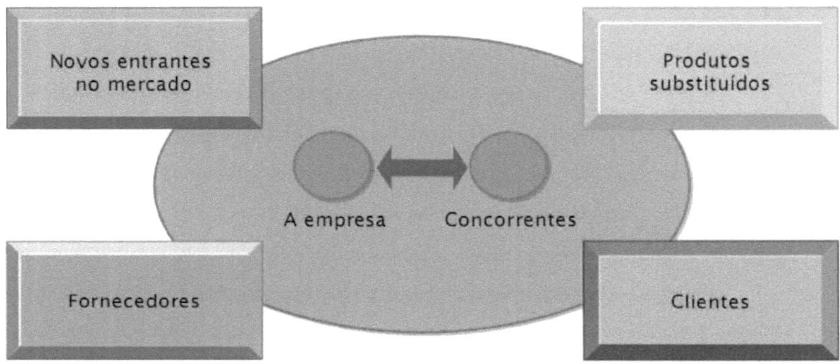

Fonte: Porter (2004)

Segundo Peteraf (1983), o modelo de como as empresas competem, conhecida como a "Visão Baseada em Recursos", é considerada por alguns como tendo potencial importante como um paradigma para a gestão estratégica. Outros se perguntam se esse modelo emergente fornece uma visão muito adicional sobre entendimentos tradicionais. Reconhecidamente, o trabalho baseado em recursos é consistente com e enraizado diretamente na tradição de pesquisa política. A noção de que as empresas são fundamentalmente heterogêneas, em termos de seus recursos e capacidades internas, há muito tempo tem estado no centro do campo da gestão estratégica. A abordagem clássica para a formulação de estratégias, por exemplo, começa com uma avaliação de competências e recursos (ANDREWS, 1971) organizacionais. Aqueles que são distintivos ou superiores em relação aos de rivais, pode tornar-se a base para a vantagem competitiva se corresponder adequadamente às oportunidades ambientais (ANDREWS, 1971; THOMPSON et al, 2001).

A RBV (visão baseada em recursos) é uma perspectiva explicativa do comportamento estratégico, fundamentada na ideia de que seleção, obtenção e disposição de recursos e desenvolvimento de competências únicas ou de difícil imitação resultam em diferenciação e vantagem competitiva sobre concorrentes. Apesar de o foco analítico ser interno às organizações, a noção de ambiente é igualmente importante no âmbito da RBV. Em algumas das teorias baseadas em recurso, admite-se que o valor de recursos e capacidades depende de condições externas às firmas (BARNEY, 2001; FOSS, 2005).

A definição da estratégia que alinha tais recursos e capacidades com as oportunidades e ameaças do ambiente externo. Nesse sentido, cabe salientar a relevância da matriz produto-mercado (Figura 3) desenvolvida por Ansoff (1958) para a definição da estratégia. Em sua matriz, o autor define quatro estratégias básicas de crescimento:

1) Penetração de mercado, que visa incrementar as vendas dos produtos atuais nos mercados atuais, por meio do incentivo, atração e conquista de clientes;
2) Desenvolvimento de mercado, que se refere à introdução de produtos atuais em novos mercados;
3) Desenvolvimento de produtos, que trata do lançamento de novos produtos no mercado atual;
4) Diversificação, que procura novos produtos e mercados.

Figura 3 - Matriz de Ansoff

		Produtos	
		Existentes	Novos
Mercados	Existentes	Penetração de Mercado	Desenvolvimento de Produtos
	Novos	Desenvolvimento de Mercado	Diversificação

Fonte: Adaptado de Ansoff (1958)

Com base na matriz produto-mercado (Figura 3), nota-se que a vantagem competitiva pode ser conquistada por meio da combinação de estratégias competitivas, aprendizagem e formação de capacidades, que criam um ciclo de virtude quando bem administradas (FLEURY et al., 2004). Nesse cenário, o desempenho superior depende da ênfase na adoção das estratégias que são complementares e que produzam uma interação positiva, embora gerem também conflitos (*trade-off*) e tensões que devam ser administradas (VOSS et al. 2013).

O alcance de vantagem competitiva em ambientes incertos exige criação de sinergia no desenvolvimento e na aplicação de diferentes configurações de recursos e capacidades, assim como no seu alinhamento dinâmico com a estratégia (CAO; ZHANG; XI, 2011). Nesse sentido, a inovação pode auxiliar as empresas no alcance dessa vantagem competitiva, apesar da incerteza e complexidade envolvidas (TIDD; BESSANT; PAVITT, 2008; TIGRE, 2006), tema que é abordado na sequência.

2.2 INOVAÇÃO

A inovação, segundo Schumpeter (1982) é o fenômeno fundamental do desenvolvimento econômico, visto que é o fato gerador da "destruição criativa", isto é, da substituição de antigos produtos e hábitos de consumir por novos. O empreendedor tem uma função essencial para o desenvolvimento econômico, pois ao inovar é imitado pelos outros empresários, os quais investem recursos para produzir e imitar a respectiva inovação. Dessa forma, uma onda de investimentos de capital ativa a economia, gerando prosperidade e o aumento do nível de emprego.

É importante destacar que a origem do sentido atual do conceito de inovação pode ser creditada a Schumpeter (1982), quando fez a distinção conceitual entre invenção e inovação e propôs o conceito de "destruição criativa", que implica na difusão de novas tecnologias no mercado. Enquanto a invenção está relaciona a criação de algo novo, a inovação está associada ao processo de criar um produto comercial a partir de uma invenção, isto é, envolve tanto invenção como comercialização. O conceito de inovação, que leva ao desenvolvimento, envolve cinco casos (SCHUMPETER, 1982, p. 48):

1) Introdução de um novo bem um bem com que os consumidores ainda não estiverem familiarizados, ou de uma nova qualidade de um bem;
2) Introdução de um novo método de produção, ou seja, um método que ainda não tenha sido testado pela experiência no ramo próprio da indústria de transformação, que de modo algum precisa ser baseada numa descoberta cientificamente nova, e pode consistir também em nova maneira de manejar comercialmente uma mercadoria;
3) Abertura de um novo mercado, ou seja, de um mercado em que o ramo particular da indústria de transformação do país em questão não tenha ainda entrado, que esse mercado tenha existido antes ou não;

4) Conquista de uma nova fonte de oferta de matérias-primas ou de bens semimanufaturados, mais uma vez independentemente do fato de que essa fonte já existia ou teve que ser criada;
5) Estabelecimento de uma nova organização de qualquer indústria, como a criação de uma posição de monopólio (por exemplo, pela formação de trustes) ou a fragmentação de uma posição de monopólio.

Segundo Afuah (1998), a inovação é o uso do novo conhecimento para oferecer um novo produto ou serviço que os clientes desejam e envolve sua invenção e comercialização. É uma invenção que está sendo comercializada.

Nesse caso, o novo conhecimento está associado a fatores tecnológicos (relacionados aos produtos/serviços) ou mercadológicos (relacionados a canais de distribuição, expectativas, preferências, entre outros) ou, ainda, aos métodos organizacionais e administrativos. Assim, a inovação pode estar na formulação do produto, na embalagem, no processo, nas técnicas de marketing ou no serviço prestado ao cliente, podendo representar a sobrevivência ou liderança de uma empresa e até mesmo alterar os hábitos e comportamentos de uma sociedade (AFUAH, 1998).

Um dos problemas para gerenciar a inovação relaciona-se à variedade com que as pessoas compreendem o termo, normalmente confundido com Invenção. De acordo com os autores, as inovações variam em escala, natureza, grau de novidade e outros, e da mesma forma, mudam as organizações inovadoras. Nesse sentido, é possível verificar algumas recorrências do processo básico operando em todos os casos (OCED/FINEP, 2005).

A criação um produto de consumo, por exemplo, envolve a detecção de sinais relevantes sobre necessidades potenciais e novas possibilidades tecnológicas, o desenvolvimento de um conceito estratégico, o surgimento de novas opções e a concretização das mesmas em produtos que possam ser lançados no mercado. Quanto aos serviços, descrevem que a inovação pode parecer diferente, pois eles são normalmente menos tangíveis. Entretanto, o mesmo modelo básico é aplicável. O processo, sempre que uma seguradora ou financeira lança um novo produto, seguira um curso de identificação de sinal, conceito estratégico, desenvolvimento de produto e de mercado e lançamento. O que é desenvolvido pode parecer menos tangível do que um novo aparelho de televisão, mas a estrutura fundamental do processo será a mesma. Outra influência importante sobre as maneiras específicas pelas quais a inovação é gerenciada é o tamanho da organização. (TIDD, BESSANT, PAVITT, 2008)

Conforme o Manual de Oslo (OCED/FINEP, 2005), a inovação é um processo contínuo que envolve constantes mudanças em produtos e processos, e abrange a busca de novos conhecimentos, o que inclui as interações com diversos agentes. A inovação é considerada, nesse sentido, um processo complexo e sistêmico, e o conhecimento tem um papel de destaque para o progresso econômico. Os processos de mudança abarcam aspectos, tais como:

1) Presença de incertezas associadas às atividades inovadoras;
2) Necessidade de investimento, que pode incluir a aquisição de ativos tangíveis e intangíveis;
3) Transbordamento do conhecimento em que empresas se beneficiam da inovação por meio de mecanismos de a propriabilidade;
4) Utilização do conhecimento novo ou a combinação de um novo conhecimento a um existente ou a criação de uma nova aplicabilidade para o conhecimento existente;
5) Melhoria de desempenho mediante a manutenção ou ganho de vantagem competitiva.

As inovações baseadas em novo conhecimento, por sua vez, caracterizam-se por serem inovações tecnológicas, na maioria das vezes, radicais e descontínuas, possibilitando a alocação dos recursos em meios de produção diferentes e mais produtivos (DRUCKER, 2003). A inovação tecnológica pode se dar em um produto ou em um processo. A inovação técnica de produto está associada a novos produtos ou serviços lançados para atender uma necessidade de mercado. A inovação radical é aquela que resulta em um produto superior em relação aos produtos existentes, os quais tornam-se menos competitivos. Um novo produto ou serviço pode ser caracterizado como superior se seu custo é mais baixo ou seus atributos são novos ou melhorados, isto é, possuem atributos que nunca existiram naquele determinado mercado ou que não existiam anteriormente. Por outro lado, a inovação incremental é aquela que permite que os produtos existentes se tornem mais competitivos (AFUAH, 1998).

A inovação pode ser considerada como o motor do crescimento: as empresas devem aproveitar suas capacidades inovadoras para desenvolver novos negócios (MULLER; VALIKANGAS; MERLYN, 2005).

Quando as organizações inovam, elas não só processam informações, de fora para dentro, com o intuito de resolver os problemas existentes e se adaptar ao ambiente em transformação, mas também criam novos conhecimentos e informações, de dentro para fora, buscando redefinir tanto os problemas quanto as soluções (NONAKA, TAKEUSHI, 2004). Como forma de se prevenirem de feitos e ocorrências de externalidades, as organizações passam a ter direitos de propriedade sobre as suas inovações (FARINA; AZEVEDO; SAES, 1997), os quais são determinados pelos atributos da inovação: as oportunidades, a propriabilidade e a cumulatividade (SILVEIRA; DAL POZ; ASSAD,2004).

Portanto, as principais características das grandes organizações inovadoras, de acordo com Pavitt (1992), são as seguintes:

1) Possuem competências diferenciadas e específicas, ditando a direção e a proporção de oportunidades tecnológicas das quais são capazes de tirar proveito;
2) Apresentam formas organizacionais que conciliam a descentralização necessária para implementar tecnologias e a centralização necessária para estabelecer os limites divisionais adequados;
3) Possuem processos de aprendizado que permitem aumento de suas competências específicas, como consequência de experiências, monitoramento do ambiente externo e assimilação de tecnologias radicais;
4) Têm métodos de alocação de recursos que conciliam as necessidades de investimentos rentáveis em oportunidades no presente, com a criação de oportunidades de investimentos rentáveis no futuro.

2.2.1 TIPOS DE INOVAÇÃO

Segundo o Manual de Oslo (OCED/FINEP, 2005), existem quatro tipos de inovação, que abarcam as mudanças empresariais e subdividem-se em inovações tecnológicas (produtos e processos) e inovações não tecnológicas (organizacional e marketing):

1) Inovação de produtos: desenvolvimento de produtos novos (bens ou serviços) ou substancialmente aprimorados no que tange a suas características e utilização. Este tipo de inovação envolve mudanças substanciais das potencialidades ou características dos produtos; e inclui aprimoramentos significativos em especificações técnicas, componentes e materiais, incorporação de softwares, facilidade de uso ou outras características funcionais, e o desenvolvimento de um novo uso/aplicabilidade para o produto com pequenas modificações de especificações técnicas. As inovações em produtos utilizam novos conhecimentos ou tecnologias, ou baseiam-se em novas aplicabilidades ou combinações de conhecimentos ou tecnologias existentes;
2) Inovação de processos: implementação de métodos de produção ou processos de distribuição novos ou significativamente melhorados. Este tipo de inovação inclui

mudanças significativas em técnicas, equipamentos e/ou softwares para o fornecimento de insumos, alocação de suprimentos e entrega de produtos finais. Além disso, abarca técnicas, equipamentos e softwares novos ou substancialmente aprimorados em atividades auxiliares, como compras, contabilidade, manutenção e computação, o que inclui a implementação de Tecnologias da Informação e Comunicação (TICs) para suporte a essas atividades. Visa a reduzir custos de produção ou distribuição, aperfeiçoar a qualidade ou produzir ou distribuir produtos novos ou significativamente aprimorados;

3) Inovação organizacional: novos métodos organizacionais, tais como: mudanças em práticas de negócios, na organização do local de trabalho ou nas relações externas da empresa;
4) Inovação de marketing: implementação de novos métodos para a busca de novos mercados e segmentos de mercados, e de meios para promover produtos. Inclui pesquisas de mercado, projeto do produto, a concepção de novas embalagens, promoção do produto e sua distribuição, além de métodos de precificação de bens e de serviços. Além disso, abarca mudanças no design do produto, ou seja, mudanças na forma e aparência do produto que não alteram as propriedades funcionais ou a utilidade do produto, constituindo um novo conceito de marketing. Geralmente é uma inovação orientada ao mercado e aos clientes para promover o crescimento de vendas e da fatia de mercado;

A inovação é uma estratégia de alto risco, gerando um alto índice de fracasso entre a ideia inicial e a concretização do lançamento de um produto ou serviço no mercado, a menos que o processo seja cuidadosamente gerenciado (TIDD; BESSANT; PAVITT, 2008). Porém, a aversão excessiva ao risco, que amordaça tendências de inovação, pode ser tão prejudicial quanto o excesso de otimismo, que favorece o investimento em projetos de baixo ou negativo retorno (TEECE, 2009). Portanto, ambos os efeitos do risco e da incerteza são negativos para a empresa, devendo o gestor buscar o equilíbrio, o bom senso e a objetividade nas suas decisões.

Nesse sentido, o gerenciamento do processo da inovação consiste na prática sistemática pela busca deliberada e organizada de mudanças (DRUCKER, 2003). A gestão da inovação procura assegurar que os experimentos sejam bem-concebidos e controlados, minimizando falhas e aprendendo com elas, quando inevitavelmente ocorrem (TIDD; BESSANT; PAVITT, 2008). O gerenciamento da inovação consiste no desenvolvimento de padrões de comportamento eficazes, ou seja, no desenvolvimento de rotinas integradas às habilidades mais amplas (NELSON; WINTER, 1982; TIDD; BESSANT; PAVITT, 2008).

O processo deve ser estruturado considerando as especificidades de cada empresa, assim como o contexto em que elas atuam (BIRKINSHAW; BARSOUX, 2011).

Para uma maior chance de êxito no processo da inovação é sugerido o seguimento de alguns passos, como a busca e a pesquisa de cenários, a seleção estratégica, a implementação e a reflexão (TIDD; BESSANT; PAVITT, 2008). De forma semelhante, os passos anteriores podem ser agrupados em alguns processos como: a variação, que gera a necessidade de mudança ou evolução; a seleção, que se refere à eliminação criteriosa de certas variações; e a retenção, que ocorre quando variações são preservadas, duplicadas ou reproduzidas, resultando nas inovações (ALDRICH; RUEF, 2006).

De forma mais abrangente, são definidas ainda algumas atividades que compõem o processo da inovação: o financiamento, pelos investidores que oferecem capital de risco; a geração, que pode ser desenvolvida por diversos atores; e a comercialização, por meio das empresas mais capacitadas para o tipo de inovação desenvolvido (CHESBROUGH, 2003). Nesse contexto, uma atividade crítica para a gestão da inovação está na obtenção de financiamento pelo capital de risco. O fator limitante na concessão desses financiamentos de risco está no potencial de crescimento e na atratividade da proposta de valor (ESTRELLA; BATAGLIA, 2013).

Para permitir a avaliação e assegurar a atratividade da inovação, é necessário o desenvolvimento de mecanismos para a mensuração do seu valor percebido. Alguns fatores contribuem para a sua atratividade como: a compatibilidade com sistemas existentes; a eficiência; os custos econômico e social; os riscos e as incertezas; a comunicação e a clareza dos resultados; o retorno do investimento; o tempo e o momento oportunos e a complexidade (HALL, 2004). Portanto, o sucesso da inovação depende tanto de recursos como equipamentos, estruturas e dinheiro quanto das capacidades para gerenciá-los (TIDD; BESSANT; PAVITT, 2008). Esse sucesso depende também do processo de adaptação das empresas, incluindo as etapas de geração, seleção e retenção das variações, e do estudo da relação entre estratégia e ambiente (BATAGLIA; MEIRELLES, 2009).

Além disso, a sobrevivência e o crescimento das empresas nos mercados globalizados e altamente competitivos dependem, cada vez mais, da inovação aberta, que torna o gerenciamento da inovação ainda mais complexo, considerando a necessidade de equilíbrio entre estratégias conflitantes, que disputam os escassos recursos e capacidades da empresa (CHESBROUGH, 2003; KARRER; FLECK, 2015; TIDD; BESSANT; PAVITT, 2008).

No Brasil, Desidério, Zilber (2016) observam que há duas barreiras em comum na gestão de inovação brasileira, as ligadas a problemas de interação e estrutura reduzida. Os autores também apontam que as causas de tais barreiras estão relacionadas a fatores de recenticidade da constituição da gestão e de poucas ações de transferibilidade tecnológica.

2.3 INOVAÇÃO ABERTA

O conceito de inovação aberta (*open innovation*) foi cunhado por Chesbrough (2003) como opção aos modelos de inovação fechada (*closed innovation*) estabelecidos nas áreas de P&D empresariais. Possui como foco incorporar, compartilhar e demandar ideias e projetos de inovação com outras empresas, universidades e centros de pesquisa. A inovação aberta permite interações, troca de conhecimentos e experiências entre os atores envolvidos. Pela ótica das empresas, a absorção de processos inovativos externos reduz os custos em P&D, com abreviação do processo de investigação de novas tecnologias, produtos e mercados (CHESBROUGH, SCHWARTZ, 2007).

Chesbrough, Appleyard (2007) destacam a convergência da inovação aberta com a estratégia organizacional, com possibilidades de construção de novos modelos de negócios baseados na inovação e subsidiados por conexões com diversas comunidades invocativas que possibilitam o compartilhamento de informações e competências. Na mesma linha, Powell e Grodal (2005) discorrem sobre os benefícios da formação de redes de inovação, que permitem relações Inter organizacionais para difusão da informação, do compartilhamento de recursos, acesso a ativos empresariais especializados e da captação do aprendizado por meio da interação. Vanhaverbeke, Cloodt (2006), também apresenta a disseminação da inovação aberta por meio das redes Inter organizacionais como uma postura estratégica nas empresas, principalmente nas estabelecidas em mercados de intensa competição. Em pequenas empresas de base tecnológica, há uma característica de buscar integração em redes de pesquisa em inovação, seja pelo escopo do negócio ou de demandas de empresas líderes de determinada cadeia de valor que buscam soluções customizadas. É abordada por Vanhaverbeke, Cloodt (2006) a dificuldade das pequenas empresas em inovar, por fatores restritivos de recursos, pessoas e capitais.

Negócios que já foram criados com características inovadoras e originados em centros de incubação, possuem como prática o relacionamento com instituições de pesquisa, motivadas, em muitas situações, por sua origem em centros de incubação. (PEREIRA, ZILBER 2017).

Segundo Chesbrough, Appleyard (2007), uma nova geração de inovação - inovação aberta - está forçando as empresas a reavaliar suas posições de liderança, que refletem os resultados de desempenho de suas estratégias de negócios. É oportuno justapor alguns novos fenômenos na inovação com a visão acadêmica tradicional da estratégia de negócios. Mais especificamente, desejamos examinar a crescente adoção de abordagens mais abertas à inovação e ver como essa adoção pode ser explicada com teorias de estratégia de negócios.

A inovação está criando novos fenômenos empíricos que existem inquietantemente com teorias bem estabelecidas de estratégia de negócios. A estratégia empresarial tradicional guiou, o desenvolvimento de posições defensáveis contra as forças da concorrência e do poder na cadeia de valor, o que implica na importância de construir barreiras à concorrência, em vez de promover a abertura, entretanto, as empresas e até indústrias, como a indústria de software, estão experimentando novos negócios e modelos baseados no aproveitamento da criatividade coletiva através da inovação aberta. O sucesso aparente de algumas dessas experiências desafia as visões prevalecentes de estratégia. Desenvolvimentos recentes indicam que muitos desses experimentadores estão agora lidando com questões relacionadas à captação de valor e sustentabilidade de seus modelos de negócios, bem como questões de influência corporativa e potencial de co-opção de iniciativas abertas (CHESBROUGHT, 2003).

A dificuldade das empresas em manterem-se inovadoras usando somente seus recursos internos foi observada por Chesbrough (2003), pois muitas ideias estão surgindo e despontando em lugares diversos longe dos departamentos de pesquisa e desenvolvimento (P&D) dessas empresas.

Um dos princípios básicos da inovação aberta é o reconhecimento que nem todos os componentes para uma inovação são originados de fontes internas da organização e que o conhecimento proveniente de fontes externas pode tornar mais efetivos ou amplos seus próprios esforços (WITZEMAN et al., 2006). As interações entre organizações assumem papel relevante e despertam o interesse para a inovação que nasce de parcerias, alianças, *jointventures* e organizações em rede, conforme mostra a Figura 4.

Figura 4 - Modelo de Inovação Aberta

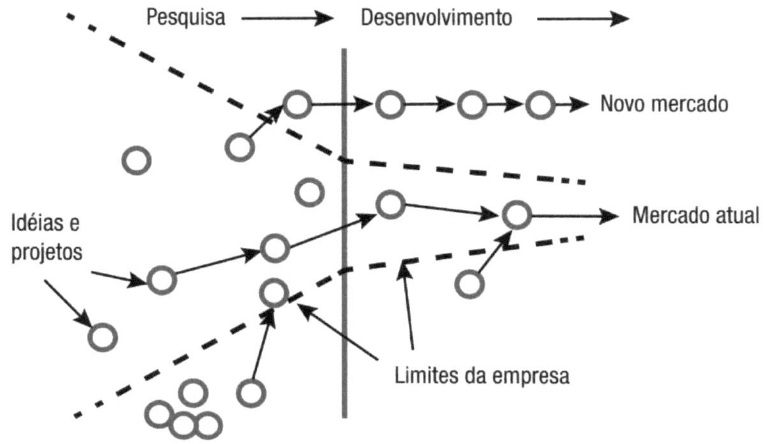

Fonte: Adaptado de Chesbrough (2003).

2.4 CROWDFUNDING

O termo *crowdfunding* é composto pelas palavras em inglês *crowd* (plateia, público) e *funding* (financiamento), interpretada no Brasil como "financiamento coletivo" em livre tradução. É uma técnica de financiamento de um projeto e ou empreendimento feito por um grupo de indivíduos, diferente das iniciativas privadas comuns (bancos, fundos de investimentos, *angel investors* [1]). Segundo a definição Larralde, Schwienbacher (2010) descrevem o *crowdfunding* como sendo "um chamado aberto, essencialmente pela internet, para o provisionamento de recursos financeiros na forma de doação ou em troca de alguma forma de recompensa e/ou direitos de voto a fim de apoiar iniciativas com propósitos específicos".

O *crowdfunding*, possibilita um leque variado de possibilidades ou modelos no processo de angariação de capital em função de uma grande variedade de objetivos utilizando para financiar um projeto. Funciona por meio de plataformas que na sua maioria tem intermediários online que facilitam o processo de transferência de fundos daqueles que pretendem doar ou investir, para aqueles que precisam desse capital (LARRALDE, SCHWIENBACHER, 2010).

---

[1] O termo "investidor anjo" originou-se nos Estados Unidos no início do século XX para identificar investidores que na Broadway faziam investimentos de risco para financiar produções teatrais. Hoje esse termo refere-se a indivíduos com alto patrimônio que investem em empresas nos seus estágios iniciais (*startup*) de crescimento. (CALVOSA, FREITAS 2008)

Novos empreendimentos requerem recursos para ter sucesso, e um dos mais críticos deles é o financiamento. O *crowdfunding* surgiu como uma nova alternativa para obter fundos sem ter de procurar capital de risco ou outras fontes tradicionais de investimento, como empréstimos contraídos em instituições financeiras (GOMPERS, LERNER, 2004).

Como em qualquer campo emergente, as concepções populares e acadêmicas de *crowdfunding* estão em um estado de fluxo evolutivo que faz definições completas arbitrariamente limitantes. Em uma das poucas publicações sobre o tema, Schwienbacher, Larralde (2010), definem o *crowdfunding* como "uma chamada aberta, essencialmente através da Internet, para o fornecimento de recursos financeiros, quer em forma de doação ou em troca de alguma forma de recompensa e ou direitos de voto, a fim de apoiar iniciativas para fins específicos".

No entanto, mesmo esta definição expansiva deixa potencialmente fora exemplo que os estudiosos em vários campos têm rotulado "*crowdfunding*", incluindo empréstimos *peer-to-peer* baseados na Internet e campanhas de angariação de fundos iniciadas, usado por exemplo por fãs de um grupo de música, entre muitos outros casos. A seguinte definição fornece especificidade, permitindo espaço para a evolução contínua do conceito: *crowdfunding* refere-se a esforços empreendidos por indivíduos e grupos empresariais - culturais, sociais e com fins lucrativos - para financiar seus empreendimentos (BURKETT, 2011).

O *crowdfunding* é um modelo de investimento recente, cuja premissa é captar valores de diversos investidores individuais para a viabilização de um empreendimento, por meio de uma plataforma online que divulga o projeto, em troca de remuneração ou benefícios associados ao projeto. (MENDONÇA, MACHADO, 2015)

O *crowdfunding* se desenvolveu no início nas indústrias com foco artístico ou criativo (música, cinema, vídeo games). É um mercado de financiamento jovem, e segundo Belleflamme, Lambert e Schweinbacher (2013), a maioria destas surgiu em meados de 2006 e 2007, em 60% dos casos relatados de origem em países anglo-saxões. Atualmente estes projetos de financiamento coletivo podem diferir vastamente tanto em objetivo quanto em magnitude.

Inicialmente, como as plataformas se concentravam em conectar o público a artistas, causas sociais e projetos criativos em geral, devido a evolução do conceito, surgiram variações de tipos de financiamento coletivo como:

1) Baseado em doação (*DONATION*): Apoiadores doam recursos, sem expectativas de retorno financeiro. A satisfação em ajudar uma causa é a principal motivação;

2) Baseado em recompensa (*REWARD*): Apoiadores recebem recompensas ou garantem participação em uma pré-venda do serviço ou produto que o idealizador do projeto pretende produzir;
3) Baseado em empréstimo (*LENDING*): Investidores recebem um instrumento de dívida, que paga uma taxa fixa de juros e retorna o principal de acordo com um cronograma determinado. O principal benefício desse tipo de *crowdfunding* é financeiro. Esse modelo é aplicado no financiamento de pequenos negócios e tem se popularizado no segmento da construção civil, segundo pesquisa da Massolution, 2015;
4) Baseado em participação societária (*EQUITY*): Investidores adquirem ações da empresa ou títulos conversíveis em ações, visando retorno financeiro, quer seja por meio de fluxo de dividendos ou ganhos de capital.

Esta última modalidade tem crescido muito em relação ao *crowdfunding* tradicional, nesta os apoiadores recebem brindes ou mesmo o produto como recompensa pelo capital aportado, no *equity crowdfunding* o investidor recebe, como contrapartida, uma participação acionária futura. Tem sido o formato jurídico mais utilizado, pois consiste, no de título de dívida conversível em participação acionária da empresa investida.

Nesse formato, o investidor torna-se um credor da empresa, ficando quase que totalmente protegido de um processo de falência, uma vez que ele não se configura como sócio da empresa até a conversão dos títulos. Esta, por sua vez, é realizada quando vence o prazo da operação, geralmente entre três e cinco anos. Nesse momento, se o investidor tiver interesse em converter os títulos de dívida, ele se torna um acionista da empresa. No momento da conversão, a empresa deve ser transformada em uma Sociedade Anônima (S.A.).

2.4.1 PLATAFORMAS DE CROWDFUNDING

Segundo Steffen (2015), no ano de 2012, foi possível identificar 66 plataformas de *crowdfunding* no Brasil, sendo que, dentre estas, 59 apresentaram atividades efetivas, pois muitas ou não estavam mais disponíveis, ou sequer apresentavam qualquer projeto disponibilizado. Tendo estas 59 em foco, foi possível, ao longo do segundo semestre do ano de 2013, observar os mais diversificados objetivos, abrangendo desde produção cultural, shows e espetáculos, até financiamento de projetos sociais, de empresas *startups* e até mesmo apoio para animais carentes ou para o pagamento de dívidas de clubes de futebol. Apresenta-se, assim, a necessidade de seleção e de classificação destas plataformas. Segundo *National Endowment for the Arts* (BAECK, COLLINS, 2013), ou Fundo Nacional de Artes, em uma tradução livre para fins de observação e quantificação do modelo de operação, uma organização de apoio à arte, à inovação e negócios nestas áreas, sediada no Reino Unido que propõe quatro modelos de recompensa específicos, sendo estes de Doação, de Recompensa, Concessão de Empréstimos e Investimento. Tais modelos permitem observar o tipo de benefício ofertado aos contribuintes dos projetos, elencando aquilo que pode ser compreendido como importante mecanismo de atração, atrás apenas do objeto do projeto proposto.

Outra classificação pode ser feita conforme o objeto de atuação e os objetivos declarados e identificados nos sites das respectivas plataformas, para fins da extração específica dos objetos de análise e descrição. Segundo Steffen (2015) A classificação será organizada, conforme pré-observação realizada via Internet no Brasil e no exterior, em plataformas:

1) Projetos Culturais: aqueles que focam na produção e circulação de produtos culturais, como espetáculos, fotografia, cinema e temas relacionados a estes;
2) Projetos Sociais: que estabelecem foco no apoio a causas sociais, como ONG´s, reformas de associações culturais, incentivo a adoção de animais, etc.;
3) Projetos Diversificados: plataformas que não tenham um formato específico e definido, mas que aceitem projetos com diversificados focos;
4) Empreendedorismo: plataformas de captação de apoio para empreendedores tradicionais que precisem de apoio financeiro ou estratégico;
5) Software: plataformas de apoio ao desenvolvimento de sistemas informáticos;
6) *Startups*: apoio ao desenvolvimento de empresas nascentes;
7) Projetos gerais: que não se encaixam nos critérios anteriores, como a já citada plataforma para auxílio ao pagamento da dívida do Clube de Futebol Vasco da Gama.

Segundo o *Massolution Crowdfunding* report (2015) neste ano de publicação, as plataformas de *crowdfunding* angariaram o montante estimado de U$ 34 Bilhões de dólares, com os valores das seguintes modalidades conforme Figura 5.

Figura 5- Crescimento do *crowdfunding* no mundo

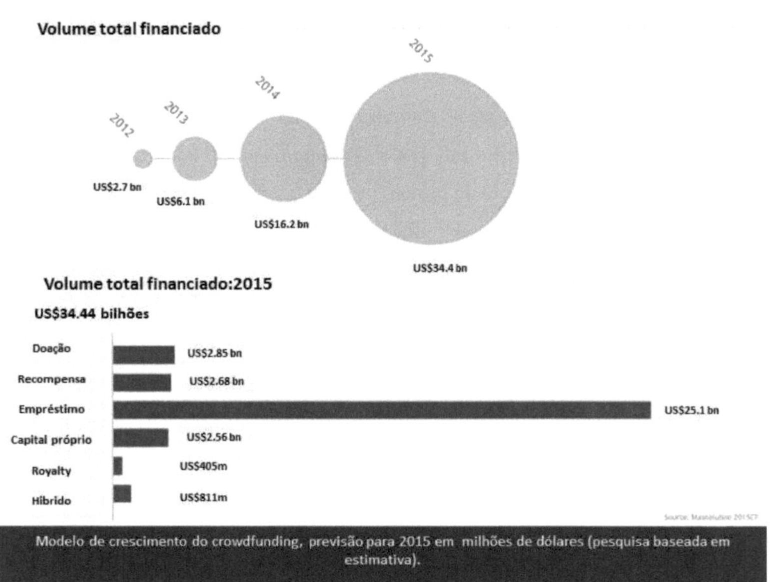

Fonte: *Massolution crowdfunding* report (2015) – Traduzido pelo autor

Já o mesmo relatório apresenta a seguinte distribuição de valores estimados para o restante do mundo até 2015.

Figura 6 - Dist. dos valores de fundos angariados através de *crowdfunding*

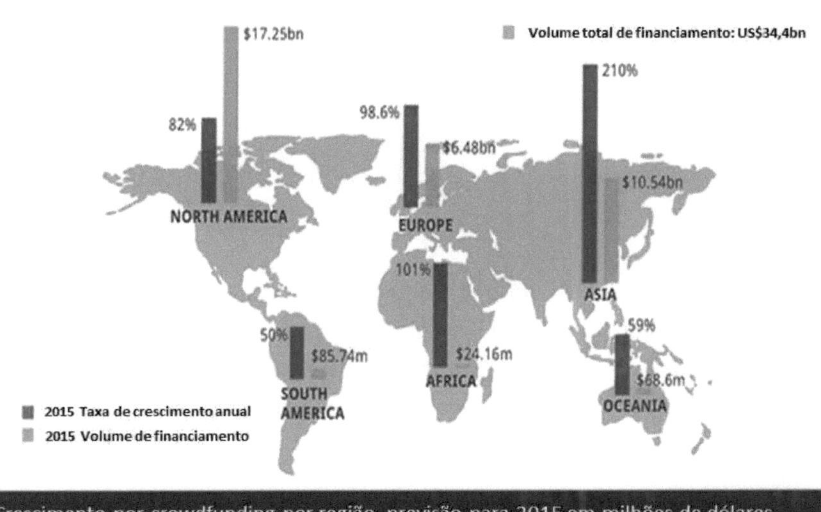

Fonte: *Massolution Crowdfunding* report (2015) – Traduzido pelo autor

Segundo Steffen (2015), existiam no Brasil entre 2012 e 2013, 59 plataformas atuantes com a seguinte distribuição:

Tabela 1 - Distribuição das plataformas conforme modelo de recompensa

MODELO	QUANTIDADE
Doação	8
Recompensa	39
Concessão de Empréstimos	4
Investimento	8
Total	**59**

Fonte: Steffen (2015)

Através do *crowdfunding* milhares de projetos já foram concretizados em inúmeras plataformas existentes. No mundo, dois *sites* de *crowdfunding* têm destaque especial. O holandês "*Sellaband*", por ser o precursor dessa ação de marketing; e o norte-americano "*Kickstarter*" que fez com que essa ferramenta se tornasse um fenômeno de sucesso, tomando proporções globais. Foi com o *site* "*Kickstarter*", em 2009, que o *crowdfunding* ganhou a forma que conhecemos hoje, na qual projetos de diversas áreas, e até voltados para o consumo, têm seu espaço. O primeiro *site* de *crowdfunding* do Brasil foi a "Vakinha", que está em pleno funcionamento desde 2009 (BERNARDES, LUCIAN, 2015).

Segundo, Silva e Freitas (2012) o Catarse (www.catarse.me) era a principal plataforma de *crowdfunding* do Brasil no ano de 2012. Embora em Portugal o *crowdfunding* ainda não esteja tão forte quanto no Brasil, visto que as plataformas em terras lusas só surgiram no ano de 2011, duas delas conseguiram se estabelecer com êxito desde então.

Segundo Correia (2012), em Portugal, "somente em 2011 surgiram duas primeiras plataformas, orientadas para um público maioritariamente português: MassivMov e o PPL". Em termos comparativos referentes ao ano de 2012, o PPL está para Portugal assim como o Catarse está para o Brasil. Em ambas as plataformas, que operacionalizam de maneira bastante similar, o consumidor que apoiar determinado projeto, terá direito a uma recompensa proporcional ao valor que foi investido.

O Catarse, autodenominado "a maior comunidade de *crowdfunding* do Brasil", foi criado em 2011 por um grupo de pessoas de estados como São Paulo, Rio de Janeiro e Rio Grande do Sul que administram o site como "um espaço de trocas entre indivíduos que, juntos, viabilizam a realização de projetos criativos". Onde pessoas com ideais nas mais variadas áreas podem apresentar seus projetos para análise e apoio financeiro de todas as pessoas da Internet, cuja única tarefa será fazer um cadastro e efetuar a doação com cartão de crédito.

O processo se inicia com o envio do projeto pelo proponente, o mesmo passa por uma curadoria cujo objetivo é, primeiramente, filtrar os projetos, para depois auxiliar o proponente a aumentar as chances de aprovação e sucesso da proposta. Todos os projetos passam, obrigatoriamente, pela curadoria, de forma a filtrar projetos ainda em fase embrionária ou com riscos na execução.

Conforme os critérios gerais, citados na plataforma, o projeto deve ser "criativo e finito", trazer "benefícios coletivos", prever "recompensas não financeiras" aos apoiadores, "não ser um projeto tipo financie minha vida ou caridade" e ter obrigatoriamente um "vídeo de apresentação". Na Figura 7, abaixo, abertura do site Catarse.

Figura 7 - Site da plataforma Catarse

Fonte: Acessado em http://www.catarse.me, 21/11/2016

Através da Catarse, pessoas com ideais nas mais variadas áreas podem apresentar seus projetos para análise e apoio financeiro de todas as pessoas da Internet, cuja única tarefa será fazer um cadastro e efetuar a doação com cartão de crédito. O processo se inicia com o envio do projeto pelo proponente, o mesmo passa por uma curadoria cujo objetivo é, primeiramente, filtrar os projetos, para posteriormente auxiliar o proponente a aumentar as chances de aprovação e sucesso da proposta. Todos os projetos passam, obrigatoriamente, pela curadoria, de forma a filtrar projetos ainda em fase embrionária ou com riscos na execução. Os critérios gerais, citados na plataforma, o projeto deve ser "criativo e finito", trazer "benefícios coletivos", prever "recompensas não financeiras" aos apoiadores, "não ser um projeto tipo financie minha vida ou caridade" e ter obrigatoriamente um "vídeo de apresentação". (CATARSE, CHORUS 2016).

Segundo Mendonça e Machado (2015), duas plataformas online de financiamento colaborativo operantes em território nacional que possuem destaque no mercado. São elas a Kickante (http://www.kickante.com.br/), e a Broota (http://www.broota.com.br/). A Kickante Serviços de Informação e Hospedagem na Internet Ltda. foi fundada em São Paulo no ano de 2013 e viabiliza projetos de *crowdfunding* em três frentes principais: causas sociais, culturais e empreendedorismo. Opera com o modelo de recompensa/pré-venda, onde o investidor recebe alguma recompensa de um empreendedor por colaborar financeiramente com seu projeto. Viabiliza o pagamento das colaborações por arranjadores de pagamento como MoIP e PayPal.

De acordo com Mendonça e Machado (2015), a Broota Brasil Serviços de Investimento Coletivo Ltda. ME é uma plataforma voltada para o financiamento colaborativo no modelo *equity crowdfunding*, fundada em junho de 2014. Qualquer empresa brasileira pode ter um perfil cadastrado, independentemente do tipo, tamanho ou área de atuação. Podem captar recursos empresas registradas como sociedades limitadas (Ltda.), enquadradas como microempresas (ME) ou empresas de pequeno porte (EPP), sendo aquelas com receita bruta igual ou inferior a R$3,6 milhões. Estas empresas devem ter seu material de divulgação aprovado pela Comissão de Valores Mobiliários e efetuar o pagamento uma taxa de serviço antecipada ao Broota para a utilização da plataforma (valor não mencionado). Os investimentos são realizados por um "Título de Dívida Conversível", colocando o investidor como credor de uma dívida num momento inicial, e futuramente lhe oferece a opção de converter dívida em participação da empresa investida, que é uma opção comum em casos de investidores-anjo.

A EqSeed Ltda ("EqSeed") é outra plataforma de *equity crowdfunding* que atua de forma muito semelhante à Broota. Sociedades que atendam determinados requisitos podem realizar, por meio da EqSeed, oferta de títulos de dívida que podem ser convertidos em participação societária, em dezembro de 2015, foi concluída a captação de R$300.000,00 (trezentos mil reais) para a *startup* Kokar por meio da EqSeed. Esta foi a primeira campanha de arrecadação da EqSeed que foi concluída com sucesso (CORRÊA, 2016). A figura 8 a seguir exemplifica o funcionamento de uma campanha de *crowdfunding*.

Figura 8 - Como funciona o financiamento coletivo

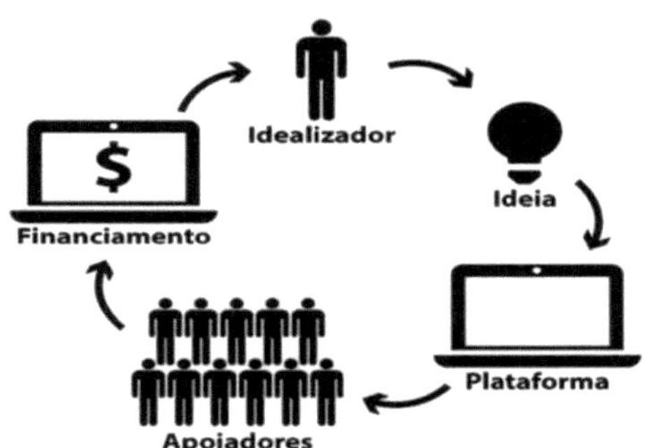

Fonte: Presser (2017).

3 STARTUP

O termo *startup* sempre esteve ligado ao ato de criação de uma empresa e a sua colocação em funcionamento, porém, na época denominada de "bolha da Internet", entre os anos de 1996 e 2001, depois *startup* começou a ser utilizado para denominar um grupo de pessoas trabalhando na implementação de uma ideia diferenciada que poderia gerar um bom dinheiro. Muitas pessoas ainda dizem que é qualquer pequena empresa em seu período embrionário, pode ser considerada uma *startup*. Outros defendem que uma *startup* é uma empresa com custos de manutenção muito baixos, mas que consegue crescer rapidamente e gerar lucros cada vez maiores. Mas há uma definição mais atual, que parece satisfazer a diversos especialistas e investidores: uma *startup* é um grupo de pessoas à procura de um modelo de negócios repetível e escalável, trabalhando em condições de extrema incerteza. (GITAHY, 2016)

Startup são pequenas empresas montadas em casa ou em faculdades e que recebem pequenos aportes de capital. Elas exploram áreas inovadoras de determinado setor (mais comumente a de tecnologia), possuindo uma aceleração de crescimento muito alta já nos primeiros meses de existência em virtude de investimentos feitos por fundos de investimento especializados. (LONGHI, 2011)

Há também o conceito de que *startup* é uma instituição humana designada a entregar um novo produto ou serviço sobre condições de extrema incerteza, algo que se pode reproduzir repetidamente em grande quantidade com grande ganho de produtividade, também conhecido como produção em massa (RIES, 2011).

Atualmente o termo *startup* tem sido muito utilizado por empreendedores, porém, poucos sabem o real sentido de seu significado; "start" significa "iniciar", e "up", significa "para cima". A seguir; o empreendedorismo start up será explanado detalhadamente através de definições e argumentos de especialistas sobre o assunto. A palavra start up está ligada diretamente ao empreendedorismo e inovação, recordando as empresas como: Apple, Google, Facebook, Yahoo, e outras, que cresceram positivamente no mercado em que atuam e que estão em posição de liderança (MORAES, et al, 2012).

O termo "*startup*" tem sido usado com frequência, nos últimos anos, para descrever jovens empreendimentos. Mas o que é uma *startup*, realmente? "Uma *startup* é uma empresa que trabalha para resolver um problema onde a solução não é óbvia e o sucesso não é garantido", diz Neil Blumenthal, co-fundador e co-CEO da Warby Parker. Start-up significa "o ato ou uma instância de colocação em operação ou movimento" ou "uma empresa de negócios incipiente".

O American Heritage Dictionary sugere que é "um negócio ou empreendimento que recentemente começou a operar" (ROBEHMED, 2013).

As *startups* são muito importantes para o crescimento econômico e o emprego da inovação. No entanto, muitos estudos têm relatado a existência de uma lacuna financeira para startups, reduzindo a capacidade de desenvolvimento e crescimento dessas empresas (AUDRETSCH, 2012).

Uma *startup* de sucesso, como todo empreendimento necessita passar fases que seguem numa sequência da concepção da ideia; da construção protótipo do produto; do lançamento; do aporte de capital; do crescimento e adequação ao mercado; da venda ou IPO (*Initial Public Offering*), a oferta pública inicial de ações é o momento em que a empresa abre seu capital e passa a ser listada na Bolsa de Valores. Uma aposta certeira em uma *startup* é um rendimento tão bom, que facilmente ultrapassa a casa dos 10.000%. Isso se deve ao fato de que o investimento é feito na fase embrionária da empresa, onde as vezes essa ainda não foi formalmente criada. Infelizmente a taxa desse tipo de acerto é baixa. Fundos com um bom índice de acerto conseguem que 5% das empresas investidas tenham sucesso. Ou seja, esse é o tipo de investimento é muito arriscado, mas quando ocorre um sucesso, vem de forma a compensar todos os outros investimentos perdidos (LONGHI, 2011).

3.1 STARTUPS DE BASE TECNOLÓGICA

Nem toda *startup* é de base tecnológica, não necessariamente. Existem *startups* relacionadas à criação e desenvolvimento de produtos, *startups* no ramo da educação, arquitetura, química, agricultura entre outras que não são obrigatoriamente de base tecnológica. No entanto, é inegável o avanço e facilidades da tecnologia de maneira que suas diversas funções, abrangência e alcance são algumas das características que tornam as *startups* de base tecnológica mais numerosas (RODRIGUES, 2016).

O problema de muitas *startups* é provado pelo fascínio de um bom plano, uma estratégia sólida e um grande estudo de mercado. Apesar de estes serem os pontos ensinados/defendidos por muitas escolas de gestão, não são a melhor estratégia para se aplicar as *startups* de base tecnológica, uma vez que a maioria delas não sabe, ao certo, quem são os seus clientes ou qual é o seu produto. Para além disso, um bom planejamento futuro assenta no conhecimento sobre o passado, coisa que as *startups* não possuem (RIES, 2012)

Um dos pontos chave da metodologia *Lean Startup* é o ciclo Construir/Medir/ Aprender, em que o empreendedor deve colocar o produto (protótipo ou semelhante) na mão dos clientes o mais rápido possível para receber seus feedbacks, que são usados para rejeitar ou validar hipóteses. Constrói-se o produto, medem-se as respostas dos clientes e aprende-se, com base nas informações coletadas, se é preciso continuar na direção inicialmente concebida ou mudar de trajetória. Na concepção de Ries (2012), deve-se reduzir ao máximo o tempo para receber feedbacks dos clientes a respeito do produto, fato que implica a necessidade das *startups* produzirem, medirem e aprenderem rapidamente, conforme apresentado na figura 9.

Figura 9 - Metodologia *Lean Startup* - ciclo Construir/Medir/Aprender

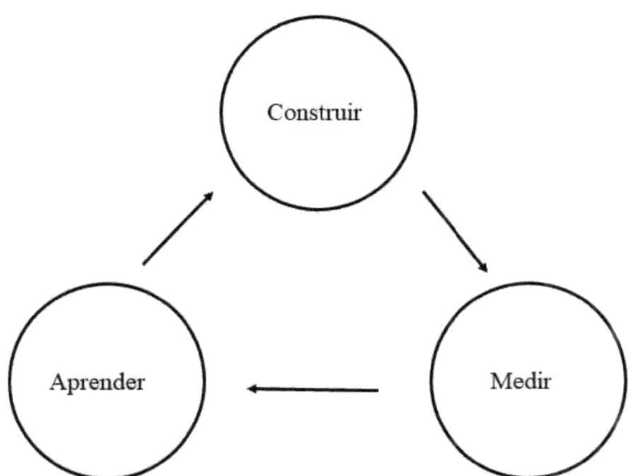

Fonte: Blank (2015) - Traduzido pelo autor

Um método de planejamento, utilizado pelas *startups* é *Business Model Canvas* é uma ferramenta de gerenciamento estratégico, que permite desenvolver e esboçar modelos de negócio novos ou existentes. É um mapa visual pré-formatado contendo nove blocos do modelo de negócios. O *Business Model Canvas* foi inicialmente proposto por Alexander Osterwalder baseado no seu trabalho anterior sobre *Business Model Ontology*. As descrições formais do negócio se tornam os blocos para construir suas atividades. Existem várias conceptualizações diferentes de negócio; o trabalho e a tese de Osterwalder, propõem um modelo único de referência baseado nas semelhanças de um vasto número de conceptualizações de modelo de negócios. Com seu padrão de design de modelo de negócios, uma empresa pode facilmente descrever seu modelo de negócios (OSTEWALDER, 2010).

Segundo Rebelo (2012), começamos preenchendo o bloco Segmentos **de Clientes** (*Customers Segments*), buscando mapear para quem se está criando valor e quem são os potenciais clientes para os objetivos pretendidos. Exemplos de segmentos de clientes são: consumidores da classe C, Mulheres, Idosos, Consumidores de São Paulo, etc.

No bloco **Proposta de Valor** (*Value Proposition*) são criadas propostas que atendam a determinadas necessidades dos potenciais clientes, sempre tendo os objetivos de negócio norteando a dinâmica. Exemplo de propostas de valor podem ser Conveniência, Personalização, Apoio a decisão, Rapidez, Redução de custos, entre outros. O Segmento de Clientes e as Propostas de Valor são os principais elementos, sobre os quais todo o restante do *Canvas* se apoiará.

Uma vez que já se tem uma prévia de clientes potenciais e propostas de valor, é necessário pensar em como fazer com que estes dois elementos fundamentais se encontrem. Logo, são definidos e sugeridos os **Canais de Distribuição** (*Channels*), como Entrega à domicílio, Site de conteúdo, Newsletter, Atendimento presencial, entre outros, através dos quais será possível distribuir e entregar as propostas de valor. Também é preciso entender como se dará os **Relacionamentos com os Clientes** (*Customer Relationships*), que deve ter o propósito de fortalecer o envolvimento do cliente com o negócio. São exemplos de relacionamentos com clientes um Canal de perguntas e respostas, Ouvidoria, SAC, Atendimento pós-venda e Serviços automatizados.

Por fim, na dimensão direita, temos as **Linhas de Receita** (*Revenue Stream*), que registram como a solução em construção pretende gerar receitas, tendo como base as propostas de valor sugeridas. Alguns exemplos: Venda de assinaturas mensais, Venda direta, Retorno em publicidade paga e Aluguel.

Na dimensão esquerda do *Canvas* encontramos algumas definições mais objetivas, que irão sustentar os elementos mapeados na dimensão direita (OSTEWALDER, 2010).

Os **Recursos-Chave** (*Key Resources*) são os recursos ligados diretamente ao funcionamento do modelo de negócio. Podem ser Equipes, Máquinas, Investimentos e Plataformas de tecnologia, por exemplo.

As **Atividades-Chave** (*Key Activities*) são todas as atividades sem as quais não seria possível atender as propostas de valor, construir os canais necessários e manter os relacionamentos. Podem ser atividades-chave desde: Acompanhar redes sociais (uma atividade interessante para contribuir com o relacionamento com os clientes); até Construir uma loja (que pode se relacionar com as propostas de valor e canais específicos).

Já os **Parceiros-Chave** (*Key Partners*) são todos aqueles que podem contribuir tanto com as Atividades-Chave quanto com os Recursos-Chave. Algumas parcerias, como as de

Fornecedores de Tecnologia, podem disponibilizar máquinas para atender a algum Recurso-Chave. Outras parcerias podem contribuir com pessoas ou realizando diretamente alguma das Atividades-Chave, como monitorar redes sociais.

Representando os custos necessários para se manter e construir toda a solução proposta, há o bloco **Estrutura de Custos** (*Costs Structure*), que indica, por exemplo, a necessidade de se pagar a manutenção das máquinas previstas, os Pagamentos dos parceiros contratados, o Custo recorrente de infraestrutura, o Custo das equipes envolvidas, e assim por diante.

Figura 10 - Tela de modelo de negócio

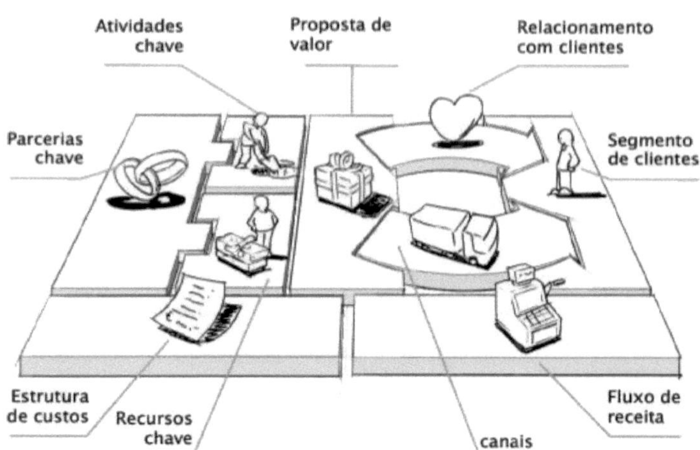

Fonte: Ostewalder (2010)

3.2 PERFIL DAS STARTUPS BRASILEIRAS

Diferente do que acontece no Vale do Silício na Califórnia/EUA, no Brasil o desenvolvimento de *startups* se dá de forma pulverizada, os estados brasileiros que mais possuem *startups* são, São Paulo, Minas Gerais e Rio de Janeiro, com 1304, 362 e 339 respectivamente. Os setores nos quais as *startups* estão presentes são diversos, sendo as mais comuns as de base tecnológica por não demandarem investimentos elevados, não envolverem anos de pesquisa como a área da biotecnologia, por exemplo, e possibilitarem testes rápidos e em escala por exemplo. Um tipo muito comum de *startup* são as que produzem aplicativos para smarthphone. Isso acontece pela praticidade, comodidade e economia de tempo, proporcionados aos consumidores, também apresentam facilidade de serem produzidos e testados (ABSTARTUPS, 2016).

No Brasil, o empreendedorismo tecnológico através *startups* de base tecnológica, vem se ampliando, isso se deve pela dos custos de criação e inicialização deste tipo de negócio, pelo fato de serem mais facilmente capitalizáveis, de baixo custo de manutenção e distribuição. Representam expectativas de geração lucros acima do mercado tradicional, o que se justifica pelo modelo de negócio específico e peculiar. Como as s*tartups* de base tecnológica são organizações destinadas a criar e desenvolver soluções para necessidades específicas de um nicho de mercado, com necessidades ainda não atendidas ou atendidos inadequadamente, as s*tartup*s de base tecnológica iniciam suas atividades com um protótipo ou produto mínimo viável, a fim de validar sua ideia e atrair aportes milionários de investidores privados ou públicos (SILVA et al., 2013).

Os êxitos de s*tartups* na geração de valores financeiros proporcionam grandes benefícios para a economia nacional (ROCHA, 2008). Contudo, existe um número pequeno de organizações similares a essas entre as empresas de destaque do Brasil, ainda mais quando comparado à situação norte-americana. Além disso, é também pequeno o número de empresas fundadas por empreendedores tecnológicos com expressividade no Brasil. E, um número ainda menor de exemplos de organizações que alcançaram a liderança em seu segmento de mercado. Por outro, existem vários novos empreendedores desenvolvendo organizações de base tecnológica (NAKAGAWA, 2008).

O s*tartup* Brasil é um Programa do governo federal, criado pelo Ministério de Ciência, Tecnologia e Inovação (MCTI), integrante do TI Maior, "tem o objetivo de fortalecer o ecossistema de *startups* no país", dar apoio a elas e a sua ligação com as aceleradoras, que consiste em um agente fortemente orientado para o mercado, geralmente de origem privada, tem a função de orientar e potencializar o desenvolvimento das *startup*s. (MINISTÉRIO DA CIÊNCIA, TECNOLOGIA E INOVAÇÃO, 2014).

O fenômeno recente do "*boom*" de *startups* é demonstrado no levantamento realizado pela plataforma de conexão de investidores e empreendedores, Fundacity, que funciona como um clube de investidores em *startups*, revelou que somente no primeiro semestre de 2015 forma investidos cerca de R$ 170.843.000,00 em 183 s*tartups,* por 45 investidores no Brasil. O estudo definiu o cenário do mercado de investimentos em *startups* no Brasil, conforme demonstrado a seguir:

Figura 11- Cenário do investimento em *startups* no Brasil em 2015

Fonte: http://www.fundacity.com/investment-report-brazil-2015, em 14/05/2017

Venture capital (VC) é o nome usado para descrever todas as classes de investidores de risco. Mesmo assim, em geral, os fundos de venture capital investem em empresas de médio porte, que já tem um faturamento expressivo, mas que ainda precisam dar um salto de crescimento. Com o investimento, o objetivo é ajudar essas empresas a expandir e alcançar o seu potencial máximo. (ENDEAVOR, 2015).

Segundo Rose (2014), além do retorno atrativo, investir em *startups* pode ser gratificante e até mesmo prazeroso, pois o investidor teria a oportunidade de estar à frente do desafio de lançar um produto ou serviço revolucionário e presenciar o crescimento e desenvolvimento de uma empresa que poderá se tornar uma grande corporação no futuro. Porém é importante que o investidor esteja ciente de que essa modalidade de investimento implica em estar preparado para sofrer significativas perdas antes de se auferir algum retorno.

Por essa razão, Rose (2014) destaca que o investidor deve estar atento à composição do portfólio de negócios ideal, enumerando uma série de pontos que o investidor deve ter em mente quando decide empreender nesse ramo:

1) A maioria das *startups* fracassam;
2) Não se sabe qual *startup* irá prosperar ou fracassar;
3) Investir em *startups* é uma questão de números;
4) Investir em *startups* é uma questão de paciência e persistência;
5) As empresas precisarão de mais investimentos;
6) Investimento Anjo pode ser bastante lucrativo.

Estatisticamente, diz-se que de cada dez investimentos anjo efetivados, três têm um investimento médio de duas a três vezes o capital investido, e uma ou duas têm retorno excepcional, entre dez e cinquenta vezes o investimento original. Assim, na média, espera-se que o investimento anjo proporcione um ganho na ordem de cinco a dez vezes o capital. (SPINA, 2015).

Analisando-se o aspecto do investidor, há necessidade de estímulo, principalmente em um país com custos de oportunidade tão elevados. Vários países adotam incentivos institucionais, fiscais e financeiros para ampliar a base de investidores. O setor público no Brasil precisa encarar essa questão como uma de suas prioridades estratégicas, pois ao estimular o Investimento Anjo, estaria consequentemente estimulando o empreendedorismo e criação de produtos e serviços inovadores no país. Já há algumas ações interessantes nesse sentido, como programa Finep *Startup*, em que a Financiadora de Estudos e Projetos (Finep) em vez de fazer um aporte nas companhias em troca de uma participação acionária, como fazem os investidores privados, a instituição irá aportar até um milhão de reais e em troca receberá uma opção de compra de ações da empresa investida. Outra iniciativa importante é a do Projeto de Lei 54 de 2014, que tramita no Senado, alterando Lei nº 9.250, de 26 de dezembro de 1995, para permitir que sejam deduzidos da base de cálculo do Imposto sobre a Renda das Pessoas Físicas (IRPF) parcela dos valores investidos na integralização de capital social em sociedades empresárias *startups* (DE SÁ, MILLER 2017).

Apesar das iniciativas interessantes de fomento ao investimento em empreendimentos inovadores de base tecnológica, o Brasil precisa convergir ações e políticas que não só estimulem, mas também que instituam uma cultura de imputação ao risco e geração de valor, proporcionando conhecimento, oportunidades, inclusão e riqueza (DE SÁ, MILLER 2017).

4 PROCEDIMENTOS METODOLÓGICOS

A metodologia de uma pesquisa abarca procedimentos e regras utilizadas para atingir os objetivos propostos, em busca de respostas referentes ao problema de pesquisa. Por sua vez, o método científico justifica a escolha de um determinado procedimento metodológico que institui a adoção de uma linha de raciocínio, que serve de guia para o desenvolvimento da pesquisa (RICHARDSON, 2007).

No intuito de discutir os problemas de pesquisa propostos, fazendo a ligação entre o *crowdfunding* e a inovação nas *startups* brasileiras de base tecnológica. Que se utilizaram do *crowdfunding* para alavancar seus produtos e serviços inovadores. Foi realizada uma pesquisa empírica com *startups*, que obtiveram superação da sua meta de arrecadação nas plataformas Kickante, Catarse, Broota e EqSeed identificadas no levantamento de referencial teórico como relevantes em determinado momento no mercado de *crowdfunding* brasileiro (SILVA, FREITAS 2012; MENDONÇA, MACHADO 2015; CORRÊA 2016).

4.1 TIPO E MÉTODO DE PESQUISA

O método pode ser considerado como um conjunto de processos que possibilitam conhecer uma determinada realidade, produzir objeto ou desenvolver procedimentos e comportamentos (OLIVEIRA, 1997). A caracterização do método científico ocorre pela escolha dos procedimentos sistemáticos que descrevem e explicam uma situação sob estudo e a sua escolha é baseada na natureza do objetivo que se pretende no estudo (FACHIN, 2001).

A abordagem qualitativa é recomendada para interpretar fenômenos realísticos, vivenciais, históricos, sociais ou grupais, tal interpretação é dada através da interação entre a observação e a formulação do conceito, entre o desenvolvimento teórico e a pesquisa empírica, e entre a explicação e a percepção (BULMER, 1977; GIBBS 2008; FLICK 2009).

A pesquisa qualitativa tem sido constantemente referida nos estudos com foco para a compreensão da vida humana, nos campos como sociologia, antropologia, psicologia, dentre outros campos das ciências sociais (DENZIN, LINCOLN, 2000). Com o passar do tempo e a evolução do pensamento científico a abordagem qualitativa recebeu diferentes significados, porém, como definição genérica, a abordagem qualitativa possui um enfoque interpretativo e naturalístico da realidade (DENZIN, LINCOLN, 2000; LINCOLN, 2001).

O cerne dos estudos qualitativos é buscar informações referentes ao problema pesquisado, recolhendo evidências no ambiente onde o problema é vivenciado com o objetivo de interpretá-lo e analisá-lo (GIBBS 2008; FLICK 2009; CRESWELL, 2010).

Como abordagem para esta pesquisa, foi realizado uma pesquisa, de natureza exploratória, com seis empresas que se utilizaram do *crowdfunding* como meio de alavancar seus produtos e serviços inovadores, nas plataformas Kickante, Catarse, Broota e EqSeed.

A investigação empírica do fenômeno contemporâneo do *crowdfunding* aliado a inovação, dentro do âmbito das *startups* de base tecnológica, baseado em várias fontes de evidências e que contribui para a compreensão dos objetivos desta pesquisa (YIN, 2001). Foram utilizadas como fontes de dados, as entrevistas com os representantes das empresas *startups* de base tecnológica e também dados secundários, com informações sobre as empresas.

4.2 SELEÇÃO DAS EMPRESAS

A amostragem por conveniência é adequada e frequentemente utilizada para geração de ideias, principalmente, em pesquisas exploratórias. Esse método não probabilístico, pode ser facilmente justificada em um estágio exploratório da pesquisa, como uma base para geração de hipóteses e *insights*, e é empregada quando se deseja obter informações de maneira rápida (OLIVEIRA, 2001).

Como critério de escolha das empresas, estas deverão pertencer ao âmbito da pesquisa. Segundo Robehmed, (2013) uma *startup* é "um negócio ou empreendimento que recentemente começou a operar".

A atividade fundamental de uma *startup* é transformar ideias em produtos e serviços, medir como os clientes reagem, e então, aprender se é o caso de pivotar ou perseverar. Todos os processos de *startup* bem-sucedidos devem ser voltados a acelerar esse ciclo de *feedback* (RIES, 2011).

Além do âmbito, deve ter participado ou estar participando de uma campanha de *crowdfunding*, como estratégia para financiamento de seus projetos de inovação. O *crowdfunding*, apresentam-se como ferramenta de levantamento de recursos financeiros de forma coletiva, permitindo viabilizar projetos. Promovendo a inovação se esquivando das limitações comerciais e longos processos burocráticos (PRESSER, 2017). Ainda referente ao *crowdfunding*, buscou-se estas *startups* e suas campanhas nas plataformas Kickante, Catarse, Broota e EqSeed, por terem destaque em determinado momento no mercado brasileiro de financiamento coletivo (SILVA, FREITAS 2012; MENDONÇA, MACHADO 2015; CORRÊA 2016).

Então, com base nos critérios de seleção, foram definidas seis empresas *startups* para a pesquisa de campo, segue abaixo no Quadro 1 nome, plataforma de *crowdfunding* utilizada, produto ou serviço, valor arrecadado na campanha e suas respectivas localizações:

Quadro 1- *Startups*, entrevistadas e suas respectivas plataformas

Startup	Plataforma	Tipo	Produto/serviço	Arrecadação	Cidade/Estado
BravoBrew	Kickante	Reward	Cervejeira automatizada e IoT[2]	R$106.440,00	Londrina - PR
ChoppUp	Broota	Equity	Chopeira IoT	R$500.000,00	São Paulo - SP
General Wings	Kickante	Reward	Bicicleta Elétrica	R$188.000,00	São Paulo - SP
Herself	Catarse	Reward	Calcinha absorvente	R$44.900,00	Porto Alegre - RS
Me passa aí	EqSeed	Equity	Rede social para reforço de conteúdo universitário	R$250.000,00	Rio de Janeiro - RJ
Phosfato	Broota	Equity	Clube de assinatura de fotografias	R$200.000,00	Curitiba - PR

Fonte: Elaborado pelo autor

Foi feita então, uma pesquisa nas plataformas de *crowdfunding* anteriormente citadas, como de destaque no mercado, para busca de campanhas com arrecadação que superassem as metas estabelecidas, portanto de sucesso.

Para a caracterização das empresas selecionadas, como fazendo parte do modelo *startups*, foram coletados dados por meio de quatro questões iniciais no roteiro de entrevista, que identificam o tempo de atuação, número de colaboradores inicial e atual como também o faturamento bruto anual no ano de 2016.

[2] IoT: Sigla para Internet of Things, Internet das coisas em tradução livre, é segundo Weber e Weber (2010): "uma arquitetura emergente de informação baseada na Internet que facilita o intercâmbio de bens e serviços e está se desenvolvendo gradualmente".

4.3 MÉTODO DE COLETA E ANÁLISE DE DADOS

A técnica de análise de dados na pesquisa qualitativa são as interpretações de dados onde o pesquisador pode utilizar a codificação do material com o intuito de auxiliar na construção. A codificação é a maneira como o pesquisador define sobre o que os dados analisados se referem, ela requer a identificação e os registros de um ou vários pedaços de textos como partes que exemplificam a mesma ideia teórica (GIBBS, 2008).

A codificação pode ser baseada em conceitos (codificação teórica) ou codificação baseada em dados (codificação temática). A codificação teórica é considerada o procedimento para analisar os dados que foram coletados com o objetivo de desenvolver uma nova teoria. A codificação temática busca agrupar todas as declarações que se referiam a uma mesma área (GIBBS, 2008).

A codificação é dividida em três etapas: (a) codificação aberta, (b) codificação axial e (c) codificação seletiva (STRAUSS, CORBIN, 1990). A codificação aberta tem por objetivo explicitar dados e fenômenos na forma de conceitos, sendo que uma lista de códigos e categorias deve emergir como resultado da codificação aberta (STRAUS & CORBIN, 1990; GIBBS, 2008; FLICK, 2009). A codificação axial é o processo de relacionar subcategorias com uma categoria maior e mais ampla (STRAUS, CORBIN, 1990; GIBBS, 2008; FLICK, 2009). Por fim, a codificação seletiva da continuidade e refina todo o processo identificado na codificação axial, porém em um nível maior de abstração, o objetivo aqui é caracterizar a categoria essencial ou central da teoria para que as outras categorias desenvolvidas possam ser agrupadas e selecionadas, formando assim uma história do caso, esta categoria pode ser uma nova categoria ou uma categoria existente (STRAUS, CORBIN, 1990; FLICK, 2009). Posterior ao processo de codificação inicia-se a etapa da categorização que afasta o pesquisador das descrições, dos termos utilizados pelos entrevistados e passa a um nível mais categórico, analítico e teórico da codificação (GIBBS, 2009). Esta etapa permite o pesquisador relacionar pontos em comum em duas ou mais entrevistas, pode ser compreendido como a classificação de elementos constitutivos de um conjunto, por diferenciação, seguindo pelo reagrupamento segundo o gênero (analogia), com os critérios previamente definidos (BARDIN,2011).

O processo de categorização deve ser entendido em sua essência como um processo de redução de dados, representando o resultado de um esforço de síntese de uma comunicação, destacando neste processo seus aspectos mais importantes (OLABUENAGA, ISPIZÚA, 1989). A análise de conteúdo pode ser caracterizada como um conjunto de técnicas utilizadas para realizar a análise de comunicações, como transcrições, entrevistas, e outros, e emprega procedimentos objetivos e sistemáticos para encontrar o conteúdo da mensagem em análise (MOZZATO, GRZYBOVSKI, 2011).

O método consiste basicamente em relacionar a frequência da citação de alguns temas, ideias ou palavras de um texto para mensurar o peso atribuído a um determinado assunto pelo seu autor (FLICK, 2009). Segundo Bardin (2011), a técnica de análise de conteúdo é composta por três etapas:

1) pré-análise;

2) exploração do material;

3) tratamento dos resultados, inferência e interpretação.

A partir da definição das 6 empresas *startups* de base tecnológica com campanhas de *crowdfunding* de sucesso em plataformas de destaque (Quadro 1), os respectivos sócios foram contatados inicialmente por e-mail onde envie minhas credenciais (carteira de estudante), nome da pesquisa e orientador, depois por mensagem no *Facebook* das empresas, havendo então a marcação de uma entrevista por *Skype*. No e-mail também se esclareceu o objetivo da pesquisa e roteiro da entrevista. Houve o comprometimento de envio do trabalho finalizado após o encerramento, pois todos demonstraram interesse em analisar os dados gerados pela pesquisa.

Para as entrevistas foram buscou-se a seleção de indivíduos qualificados, que detinham conhecimento sobre as empresas seus produtos e serviços, e sobre as campanhas de *crowdfunding*, ocupantes de cargos de sócio, pois segundo Haguette (1997), a entrevista é definida como um "processo de interação social entre duas pessoas na qual uma delas, o entrevistador, tem por objetivo a obtenção de informações por parte do outro, o entrevistado". Conforme o Quadro 2, segue o perfil dos entrevistados.

Quadro 2 - Perfil dos entrevistados

Startup	Entrevistado	Perfil
BravoBrew	Ricardo Dantas	Desenhista Industrial pela Unopar e Gestão do Desing pela Universidade Estadual de Londrina. Sócio fundador.
ChoppUp	Bruno Salman Scigliano	Engenheiro de Produção. Atuou na área de manufatura. Sócio fundador. Gerente Financeiro
General Wings	Ricardo Marques de Féo	Formado em comunicação e estudos de mídia, pela Universidade de Arts de Londres. Trabalhou com marketing na Volkswagen e Nissan. Sócio fundador. Gerente Administrativo

Herself	Nicole Zagonel	Estudante de Engenharia Química na UFRGS. Sócia fundadora.
Me passa aí	Victoria Scholte	Desenhista Industrial, formada na PUC-Rio. Gerente de Marketing e Design. Sócia.
Phosfato	Murilo Costa	Desing Gráfico, Desenhista industrial, sócio. Gerente de Marketing e Visual. Sócio

Fonte: Elaborado do autor.

Então, no período de 9 a 21 outubro de 2017, as entrevistas semiestruturadas foram aplicadas e os dados coletados. As entrevistas tiveram duração aproximada de 30 a 60 minutos e foram realizadas através do *Skype*, devido a diferente localização do entrevistador e dos entrevistados.

As entrevistas foram gravadas com autorização dos entrevistados, e a divulgação das mesmas, autorizada para divulgação em meio acadêmico. Entrevistas são fundamentais quando se precisa/deseja mapear práticas, crenças, valores e sistemas classificatórios de universos sociais específicos, mais ou menos bem delimitados, em que os conflitos e contradições não estejam claramente explicitados. Coletando indícios dos modos como cada um daqueles sujeitos percebe e significa sua realidade e levantando informações consistentes que lhe permitam descrever e compreender a lógica que preside as relações que se estabelecem no interior deste grupo selecionado (DUARTE, 2004).

Foram também levantados dados secundários a partir de fontes públicas e autorizadas, como *sites*, publicações e materiais fornecidos. Para a expansão de conhecimento, oferecimento de *insights* e uma maior compreensão do contexto pesquisado (YIN, 2001).

4.3.1 ROTEIRO DA ENTREVISTA

A entrevista semiestruturada com os representantes das empresas selecionadas, foram executadas de acordo com o roteiro (Apêndice A) composto por 20 questões abertas. Elaboradas com base no referencial teórico pesquisado e sobre as categorias indicativas dos dois constructos deste trabalho de pesquisa, que são *crowdfunding* e a inovação relacionadas ao âmbito que são as empresas *startups* (BARDIN, 2011).

As questões desenvolvidas com base no referencial teórico, nos objetivos específicos que o trabalho busca responder e em fontes bibliográficas adicionais. O roteiro foi revisado pelo orientador desta pesquisa, e teve sua ordem revisada para um melhor entendimento e minimização de erros de entendimento (YIN, 2001).

As primeiras quatro questões do roteiro, foram utilizadas para coleta de informações sobre as caraterísticas das empresas, buscando determinar se elas realmente se encaixavam no âmbito desta pesquisa. Onde se buscou determinar o tempo de existência da organização, quantos empreendedores haviam na sua criação e a situação atual, quanto ao número de colaboradores e o faturamento bruto. As questões que compuseram o restante do roteiro da entrevista, foram definidas com base em categorias indicativas dos constructos *crowdfunding* e inovação (BARDIN, 2011).

Quadro 3 - Categorização das questões do roteiro

Constructo/Âmbito	Categoria	Questões
Startup	Caracterização	1 até 4
Crowdfunding	*Crowdfunding* utilizado como estratégia	5 até 8
	Característica e tipo do *crowdfunding*. Quais os resultados obtidos.	9 até 12
Inovação	Nível de Inovação dentro da organização	13 até 16
	Características e tipos de estratégias para inserção no mercado	17 até 20

Fonte: Elaborado pelo autor

4.3.2 CONSTRUCTO CROWDFUNDING

Alicerçado no referencial teórico o *crowdfunding* foi definido, como uma técnica de financiamento de um projeto ou empreendimento, feito por um grupo de indivíduos, diferente das iniciativas privadas comuns (bancos, fundos de investimentos, *angel investor*). Segundo a definição Larralde, Schwienbacher (2010) descrevem o *crowdfunding* como sendo "um chamado aberto, essencialmente pela internet, para o provisionamento de recursos financeiros na forma de doação ou em troca de alguma forma de recompensa e/ou direitos de voto a fim de apoiar iniciativas com propósitos específicos".

Para o constructo *crowdfunding* foram definidas duas categorias "*crowdfunding* utilizado como estratégia" e "característica e tipo do *crowdfunding*, com os resultados obtidos".

No roteiro então definidas oito questões para a verificação e identificação destas categorias indicativas. Com os objetivos de verificar, se as *startups* de base tecnológica no brasil, fazem uso de *crowdfunding* e identificar os tipos e formas de *crowdfunding* utilizado por estas *startups*. A categoria "*crowdfunding* utilizado como estratégia", foi dividida em quatro subcategorias: "formas de financiamento", "como souberam", "modificações" e "motivos". Para a categoria "característica e tipo do *crowdfunding*, com os resultados obtidos", houve a divisão em outras quatro subcategorias: "escolha da plataforma", "tipo", "planejamento" e "recursos bônus".

Quadro 4 - Categorias, subcategorias e questões indicativas sobre *crowdfunding*

Categoria	Subcategoria	Questão	Referencial Teórico
Crowdfunding utilizado como estratégia	Formas de financiamento	5	(LARRALDE, SCHWIENBACHER, 2010; GOMPERS, LERNER, 2004; BURKETT, 2011; MENDONÇA, MACHADO, 2015; BAECK, COLLINS 2013; STEFFEN, 2015; BERNARDES, LUCIAN 2015; CORREIA 2012; MENDONÇA, MACHADO, 2015; CORRÊA, 2016; PRESSER, 2017)
	Como souberam	6	
	Modificações	7	
	Motivos	8	
Característica e tipo do *Crowdfunding*. Quais os resultados obtidos.	Escolha da plataforma	9	
	Tipo	10	
	Planejamento	11	
	Recursos bônus	12	

Fonte: Elaborado pelo autor

4.3.3 CONSTRUCTO INOVAÇÃO

Alicerçado no referencial teórico sobre inovação, que segundo Schumpeter (1982), é o fenômeno fundamental do desenvolvimento econômico, visto que é o fato gerador da "destruição criativa", da substituição de antigos produtos e hábitos de consumir por novos. O empreendedor tem uma função essencial para o desenvolvimento econômico, pois ao inovar é imitado pelos outros empresários, os quais investem recursos para produzir e imitar a respectiva inovação. Dessa forma, uma onda de investimentos de capital ativa a economia, gerando prosperidade e o aumento do nível de emprego.

Para o constructo inovação foram definidas duas categorias "nível de inovação dentro da organização" e "característica e tipos de estratégias para inserção no mercado". No roteiro então definidas oito questões para a verificação e identificação destas categorias indicativas. Com os objetivos de identificar as formas e níveis de inovação encontrados na operação das *startups*, e verificar ser as *startups* de base tecnológica apresentam inovação como fator de inserção no mercado.

A categoria "nível de inovação dentro da organização", foi dividida em quatro subcategorias: "produtos, serviços e desenvolvimento", "processos de produção", "parcerias e sociedades" e "experiências com as parcerias". Para a categoria "característica e tipos de estratégias para inserção no mercado", houve a divisão em outras quatro subcategorias: "estratégias para inovação", "espaço no mercado", "patentes e registros" e "inserção e expansão no mercado".

Quadro 5 - Categorias, subcategorias e questões indicativas sobre inovação

Categoria	Subcategoria	Questão	Referencial Teórico
Nível de inovação dentro da organização	Produtos, serviços e desenvolvimento	13	(SCHUMPETER, 1982; AFUAH ,1998; OCED/FINEP, 2005; TIDD, BESSANT, PAVITT, 2008; DRUCKER, 2003; MULLER, VALIKANGAS; MERLYN, 2005; NONAKA, TAKEUSHI, 2004; FARINA, AZEVEDO, SAES, 1997 SILVEIRA, DAL POZ, ASSAD,2004; PAVITT, 1992; BIRKINSHAW; BARSOUX, 2011; CHESBROUGH, 2003 ESTRELLA, BATAGLIA, 2013 BATAGLIA; MEIRELLES, 2009; DESIDÉRIO, ZILBER ,2016; PEREIRA, ZILBER, 2017)
	Processo de produção	14	
	Parcerias e sociedades	15	
	Experiências com as parcerias	16	
Características e tipos de estratégias para inserção no mercado.	Estratégias para inovação	17	
	Espaço no mercado	18	
	Patentes e registros	19	
	Inserção, expansão no mercado	20	

Fonte: Elaborado pelo autor

4.4 ESTRATÉGIA DE ANÁLISE DOS DADOS COLETADOS

Posteriormente a realização das entrevistas semiestruturadas, as informações coletadas foram analisadas pelo método de análise de conteúdo, através de uma pré analise, que permitiu uma filtragem das informações relevantes e melhor visualização da coleta (BARDIN,2011).

Foi então possível por meio da exploração dos conteúdos transcritos, identificar as subcategorias mostradas nos quadros 4 e 5. Os trechos das áudio-gravações ficaram organizadas e codificados de acordo com suas subcategorias no software QSR Nvivo® 11, para análise de conteúdo.

O Nvivo® consiste em um sistema de indexação e categorização de dados não estruturados permitindo a descoberta e exploração dos sentidos das informações alfanuméricas, auxiliando o pesquisador no decorrer da pesquisa, desde a definição e organização das categorias e subcategorias analíticas até o processo de análise (Mozzato, Grzybovski, Teixeira, 2016). Bandeira-de-Mello (2006) categoriza o NVivo® como *software* da família de programas geradores de teoria baseada em codificação, onde os códigos criados na análise são elementos constitutivos. Fazem parte desta família outros *softwares* como Atlas/TI e QCA. O NVivo® apresenta uma interface amigável, similar à de programas existentes no Microsoft Office® e reúne todo o material de pesquisa em um único lugar. Mozzato, Grzybovski e Teixeira

(2016) detalham que “as três principais instâncias de gerenciamento das informações no NVivo® são as fontes, os nós e as classificações”. As fontes são os dados brutos, compostos por arquivos de diversos formatos como textos (doc, tct, pdf), imagens (gif, jpg, jpeg, tif), áudios (mp3, wav), vídeos (mp4, avi, mov) ou conjunto de dados (xls, odbc). Os elas representam os temas, categorias ou conceitos, e guardam a codificação. Finalmente, as classificações permitem vincular casos (linhas) a atributos (colunas), como em bancos de dados convencionais.

Figura 12 - Fontes, entrevistas áudio-gravadas e transcrições

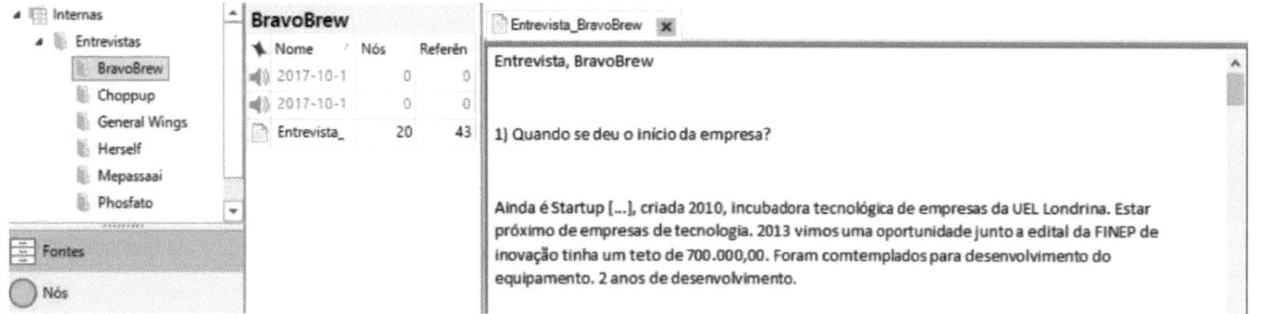

Fonte: Elaborada pelo autor, com software Nvivo® 11

Após uma cuidadosa revisão das transcrições, fez-se a classificação dos trechos com informações relacionadas as categorias e subcategorias, separando-se então as referências (trechos das transcrições) de maneira hierárquica nas mesmas.

Figura 13 Categorias e subcategorias constructo *crowdfunding* software Nvivo® 11

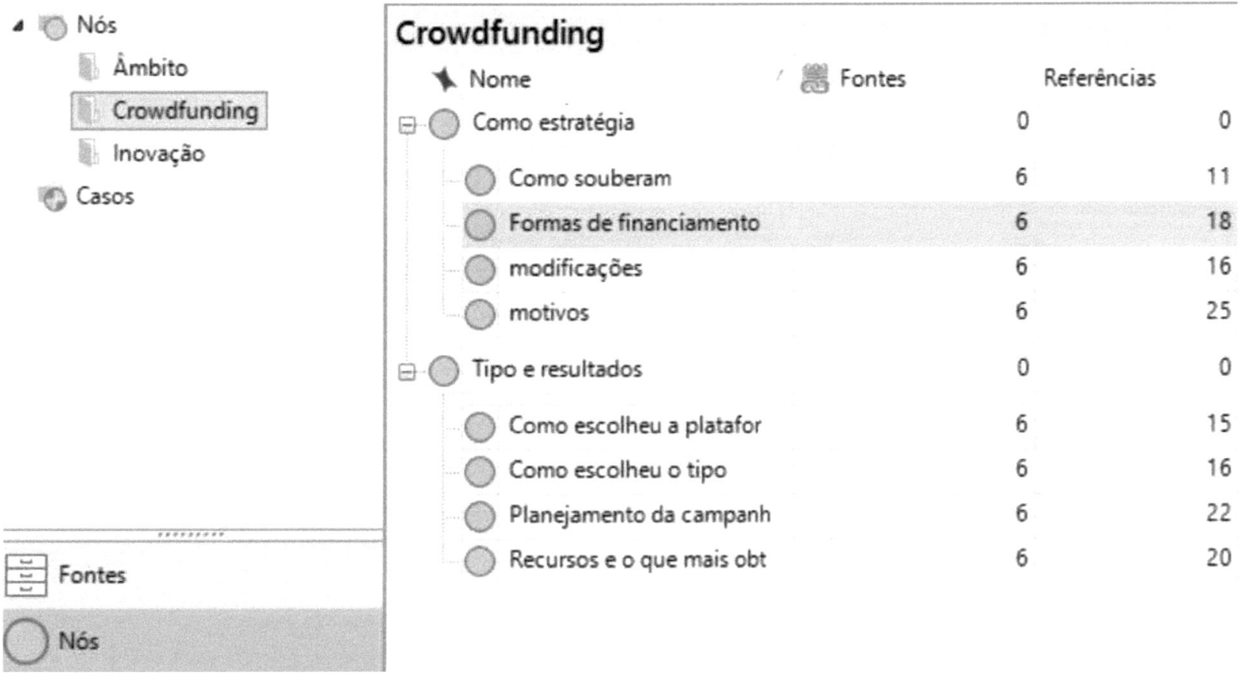

Nós
Âmbito
Crowdfunding
Inovação
Casos

Fontes
Nós

Crowdfunding

Nome	Fontes	Referências
Como estratégia	0	0
Como souberam	6	11
Formas de financiamento	6	18
modificações	6	16
motivos	6	25
Tipo e resultados	0	0
Como escolheu a platafor	6	15
Como escolheu o tipo	6	16
Planejamento da campanh	6	22
Recursos e o que mais obt	6	20

Fonte: Elaborado pelo autor no software NVivo® 11

Após a codificação das categorias, que no NVivo®, chamam-se nós, conforme a imagem anterior, realizou-se a filtragem das referências(trechos) encontradas nas transcrições, relacionando cada uma a sua respectiva categoria/subcategoria. Na figura abaixo, segue exemplificação desta etapa de análise do conteúdo.

Figura 14 - Codificação das referências, nas categorias/subcategorias do conteúdo

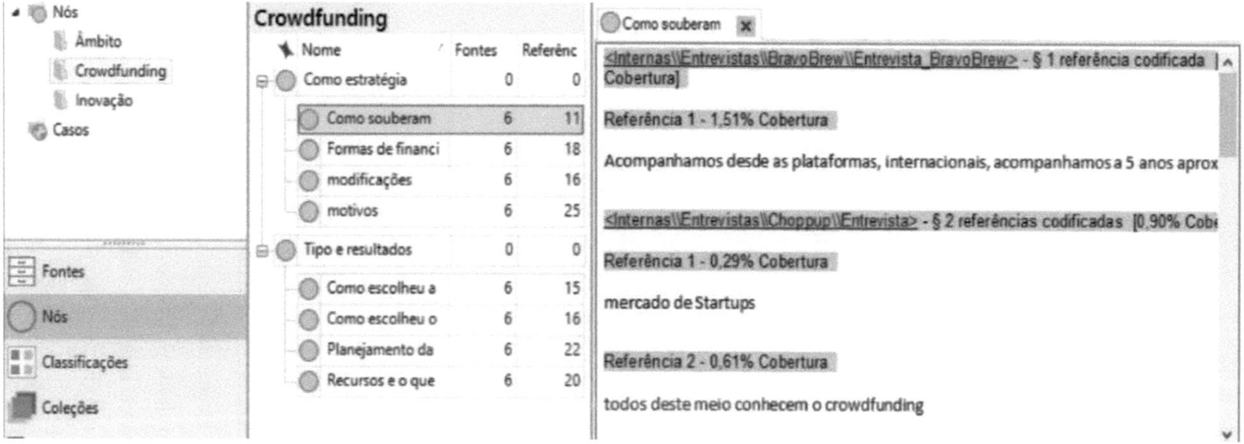

Fonte: Elaborado pelo autor, com software NVivo®

5 ANÁLISE DOS RESULTADOS

A primeira *startup*, entrevistada foi a Herself, criada em 2016 pelas estudantes de Engenharia Química da UFRGS (Universidade Federal do Rio Grande do Sul), Nicole Zagonel e Raíssa Assmann Kist. Que desde o final de 2016 iniciaram um processo de co-criação com mulheres de vários estados do Brasil, para desenvolver um produto que realmente atendesse as necessidades das mulheres e que contribuísse para a redução do impacto ambiental que o uso de absorventes descartáveis gera.

Este produto inovador é segundo as empreendedoras a primeira calcinha menstrual totalmente brasileira. A campanha do tipo *reward* (pré-venda), encontra-se na plataforma Catarse, e até o dia 11 de novembro de 2017, já tinha captado R$ 45.726,00, apoiada por trezentos e trinta e quatro pessoas em setenta e nove dias de captação.

Na sequência foi entrevistada a empresa BravoBrew, nascida em 2013 oficialmente, pelo seu sócio criador Ricardo Dantas, Desenhista Industrial pela Unopar e Gestão do Desing pela Universidade Estadual de Londrina. A BravoBrew é um *spinoff* da Eidee Produtos & Projetos, empresa criada pelo empreendedor no ano de 2009. Seu produto inovador é a BravoMachine, uma cervejeira portátil e automatizada, que segundo o empreendedor nasceu motivada pela ideia de que cada amante de cerveja deveria fazer a sua própria receita de uma maneira prática, iniciando o desenvolvimento de uma máquina de brassagem[3], automatizada. Sua campanha do tipo *reward* foi hospedada na plataforma Kickante, se encerrou em 18 de dezembro de 2016, e arrecadou R$106.440,00.

A empresa General Wings apareceu como primeira representante de São Paulo nesta pesquisa, fundada em 2009, representada por seu sócio fundador Ricardo Marques de Féo, formado em comunicação e estudos de mídia, pela Universidade de Arts de Londres. Trabalhou com marketing na Volkswagen e Nissan, segundo o empreendedor a sua fábrica de bicicletas elétricas nasceu da lacuna identificada por ele na indústria automobilística nacional, onde o carro "popular", não alcança a maior parte da população. Seu produto inovador para o mercado brasileiro é uma bicicleta elétrica de alta qualidade, segundo ele. Sua campanha do tipo *reward*, foi hospedada na plataforma Kickante e arrecadou R$188.810,00, a campanha encerrou em 10 de setembro de 2016.

---

[3] Ato, processo ou efeito de misturar o malte e a água, sob a ação do calor (FERREIRA, 1986).

A primeira empresa entrevistada com uma inovação em serviços foi a Mepassaaí, do Rio de Janeiro, a respondente foi a sócia Victória Scholt, desenhista industrial, formada na PUC-Rio. Gerente de Marketing e *Design*. A empresa foi fundada pelo engenheiro de produção e professor Luiz Gustavo Borges, e pelo analista de sistemas Augusthus Marques. Segundo Borges, professor de uma universidade particular da cidade fluminense, a maioria dos seus alunos trabalha e não tem muito tempo para se dedicar aos estudos. Pensando em ajudar os estudantes, o professor convidou um aluno com que tinha mais afinidade para gravar aulas curtas e colocá-las no *YouTube* (LIRA, 2016). Com a ajuda do sócio Augusthus Marques, eles construíram uma plataforma de reforço para estudantes universitários. Segundo a revista Pequenas Empresas Grandes Negócios em 2016 a MePassaaí já contava com 25 mil alunos cadastrados. Deste total, 2,2 mil são assinantes. Eles estudam em 350 universidades de todo o país. Sua campanha foi hospedada na plataforma EqSeed, na modalidade *equity* e arrecadou R$250.000,00.

A ChoppUP, que tem como grande inovação uma chopeira que enche o copo por baixo evitando assim o desperdício, inspirada em uma versão japonesa que ganhou escala nos Estados Unidos, o sócio Rodrigo Moreira viu uma oportunidade de trazer a inovação ao mercado brasileiro (FERREIRA, 2017). Com um inovador sistema de controle usando o conceito tecnológico de *IoT* (internet of Things). Mas a área de atuação é no serviço de locação da chopeira, a máquina inovadora não é comercializada. O entrevistado, Bruno Salman Scigliano, sócio e atualmente gerente financeiro na *startup*. Formado pela Engenheiro de Produção pela Escola Politécnica da USP (Universidade de São Paulo). Sua campanha foi hospedada na plataforma Broota, no modelo *equity* onde arrecadou R$400.00,00.

A Phosfato, que tem sua sede na cidade de Curitiba, foi fundada em 2015. Pelos sócios Rogério Augusto e Rafael Mendonça, ambos engenheiros mecânicos que abandonaram uma estável carreira em uma multinacional de eletrodomésticos. O entrevistado Murilo Costa, design gráfico, desenhista industrial, sócio. Atualmente gerente de marketing e visual. Seu serviço inovador é uma plataforma de assinaturas, onde os usuários fazem a sincronização de suas fotos e as recebem impressas em seu endereço, fotos aleatoriamente escolhidas. Sua campanha do tipo e*quity*, foi hospedada na plataforma Broota, e captou aproximadamente R$200.000,00.

Na sequência, utilizou-se a técnica de análise da frequência das palavras, também conhecida por "nuvem de palavras", para análise individual da relevância dos constructos no conteúdo das entrevistas, através da ocorrência dos termos relacionados no conteúdo transcrito nas entrevistas. Quanto mais vezes a palavra aparece no texto, maior é o seu tamanho na nuvem de palavras, pois apresenta uma maior frequência. Esse tipo de técnica é utilizada, apenas para ilustrar a distribuição, facilitando a visualização dos dados (ALVES, FIGUEIREDO, DA SILVA, 2015).

Serão apresentadas depois as análises de conteúdo das entrevistas, estruturada nas categorias e subcategorias, por constructo pesquisado, dando continuidade com o cruzamento dos resultados por categoria e subcategoria, fazendo assim um comparativo entre as *startups* pesquisadas.

5.1 ANÁLISE DA FREQUÊNCIAS DE PALAVRAS

Usando o software NVivo®, pode-se fazer uma análise da frequência com os termos que apresentaram relevância destacada na transcrição das entrevistas, demonstrando assim a relevância destes termos como palavras-chaves dentro do contexto do roteiro para o entrevistado. Observa-se através da "nuvem de palavras" da Figura 15, a forte presença do constructo "inovação", seguido pela conotação do âmbito, através do termo "empresa" e logo em seguida o termo "*crowdfunding*", "[...] capitalizou a empresa, financiamos pelo *crowdfunding* a nossa produção[...]" (informação verbal).

Figura 15 - "Nuvem de palavras", BravoBrew

Fonte: Elaborado pelo autor, com *software* NVivo® 11

Na sequência, análise de frequência do conteúdo transcrito da empresa ChoppUp. Na análise da ChoppUp, aparece uma predominância do constructo "*crowdfunding*" e do âmbito "empresa", ocorrendo o que no primeiro momento, sem conhecimento da transcrição da entrevista, levaria a uma conclusão enganosa, sobre a não ocorrência do constructo inovação, para este caso o termo "copo", denota a presença de inovação. Pois no caso da ChoppUp, os copos são inovadores. Conforme transcrição "[...] os copos são patenteados nossos e produzimos de plástico e vidro. Com linha de montagem de copos. Isso demandou muito capital e equipamento[...]" (informação verbal).

Figura 16 - "Nuvem de palavras", ChoppUP

Fonte: Elaborado pelo autor, com software NVivo® 11

Para a General Wings, ouve uma forte relevância dos constructos "inovação" e "*crowdfunding*". E do âmbito demonstrado pelo termo "empresa". Na General Wings outro termo que aparece com relevância é "produto", mostrando o foco da empresa no desenvolvimento no mesmo "[...]o desenvolvimento do produto se dá principalmente na eleição dos fornecedores[...]" (informação verbal), colocando também a importância do termo "fornecedores", para o desenvolvimento do produto.

Figura 17 - "Nuvem de palavras", General Wings

Fonte: Elaborado pelo autor, com *software* NVivo® 11

Para a *startup* Herself, há uma forte frequência do constructo "*crowdfunding*", seguido do âmbito, demonstrado no termo "empresa", a presença do constructo inovação se revela através do termo "testar", pois conforme transcrição do trecho da entrevista a seguir, "[...] porque queríamos testar o nosso negócio, testar as nossas vendas, pois tínhamos desenvolvido nossa primeira solução. Nós queríamos testar, vendas, precificação e produção [...]" (informação verbal).

Figura 18 - "Nuvem de palavras", Herself

Fonte: Elaborado pelo autor, com software com software NVivo® 11

Para a empresa Mepassaaí, além do constructo "*crowdfunding*" e o âmbito, "empresa", se verifica a forte presença do termo, termo "conteúdo", pois como se nota na transcrição, forte foco da empresa na criação de seus conteúdos, "[...] é uma plataforma de conteúdo de reforço para universitários. Começamos abordando somente a área de exatas. Engenharias principalmente. Depois do *crowdfunding* ampliamos muito o nosso conteúdo hoje atendemos arquitetura, administração direito, e a meta é finalizar as ciências da saúde [...]". A percepção do "termo", aparece de maneira relevante. Após uma releitura e busca pelo termo, verifica-se que ele tem relação com a ação de estar desenvolvendo um produto, inovando. Como na transcrição "[...]estamos focados no desenvolvimento da ferramenta, com o problema de evasão[...]" (informação verbal). Outro trecho de transcrição traz a termo que exprime a ação de um conjunto de pessoas estar envolvida nas atividades da *startup*, "[...]estamos expandindo o produto me passa ai para a área da saúde e expandindo o B2B com o BigData da Universidade. Estamos planejando uma estratégia para que o Mepassaaí atinja outros países. Atualmente ele é assistido em 120 países. Que são pessoas que falam língua portuguesa. Estamos fazendo um projeto social para a África. Para acesso a alunos. Portugal e américa latina, tem mais de 11 milhões de universitários e estamos pensando nessa possibilidade[...]" (informação verbal).

Figura 19 - “Nuvem de palavras”, Mepassaaí

Fonte: Elaborado pelo autor, com *software* NVivo® 11

A *startup* paranaense Phosfato, na sua análise de frequência de palavras, apareceu com forte relevância o constructo “*crowdfunding*”, o âmbito “empresa”, mas o que chamou a atenção, foi a forte proximidade de frequência do termo “fotos” e do constructo “inovação”, mostrando a relação de proximidade em termo de relevância para o entrevistado dos termos. Como segue a transcrição do trecho da entrevista, “[...]somos um plano de assinaturas mensal de fotos surpresa. Através da identificação da falta de inovação no meio fotográfico. Temos um sistema que propicia a interação das pessoas com suas fotos. Desenvolvemos com o retorno dos clientes. [...]” (informação verbal).

Figura 20 - “Nuvem de palavras”, Phosfato

Fonte: Elaborado pelo autor, com *software* NVivo® 11

Para conclusão desta análise de frequência de palavras, segue a Figura 21, com a “nuvem de palavras”, resultante da classificação da relevância das palavras, feita sobre a transcrição conjunta das entrevistas realizada nas *startups* selecionadas. Onde se observa forte relevância dos constructos e do âmbito desta pesquisa nas entrevistas áudio-gravadas.

Figura 21 - "Nuvem de Palavras", todas as *startups*

Fonte: Elaborado pelo autor, com *software* NVivo® 11

5.2 ANÁLISE DAS CATEGORIAS E SUBCATEGORIAS

De acordo com o roteiro da pesquisa temos o âmbito, que analisa a caracterização da entrevistada como *startup*, e os dois constructos da pesquisa: *crowdfunding* e inovação. Quanto a análise de âmbito, temos informações que remetem a tempo de existência da *startup*, número atual de colaboradores e faturamento no ano de 2016.

Fazendo análise das repostas referentes ao âmbito, podemos determinar a média de tempo de existência das *startups* entrevistadas, a de se considerar que a partir da mais recente (Herself) até a mais antiga (General Wings), percorre-se um período de oito anos. Calculando-se a média dos tempos de existência temos um valor 3,2 anos de existência. Conforme pode-se verificar na figura 22, abaixo.

Figura 22 - Tempo de existência das *startups*

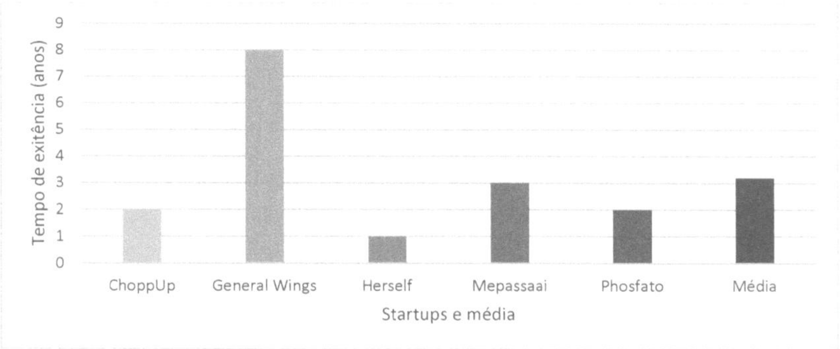

Tempo de exitência (anos)
9
8
7
6
5
4
3
2
1
0
ChoppUp
General Wings
Herself
Mepassaai
Phosfato
Média
Startups e média

Fonte: Elaborado pelo autor

No que diz respeito ao número de colaboradores, inicial e atual, observa-se o crescimento, quanto ao número de envolvidos. Nas entrevistadas partiu-se normalmente de um número pequeno inicial, como o próprio fundador. E depois agregaram-se demais envolvidos. Como é possível observar o crescimento do número de colaboradores na Figura 23, na sequência.

Figura 23 - Número de colaboradores inicial/atual

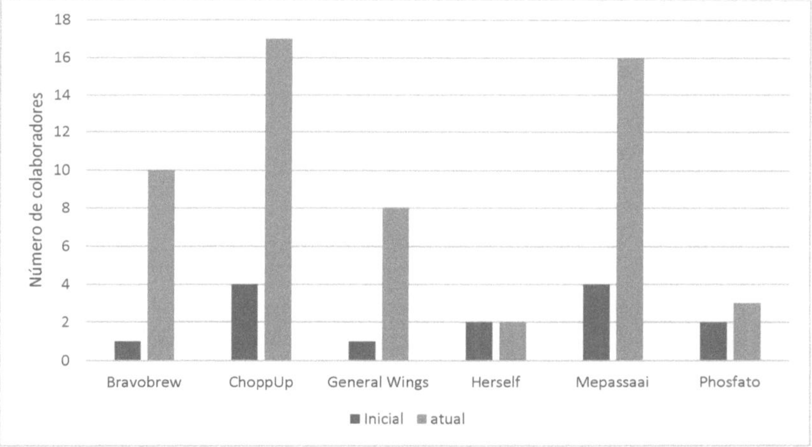

Fonte: Elaborado pelo autor.

Para faturamento há uma grande variação, da organização mais recente até a mais antiga, como pode-se verificar, que o faturamento médio das *startups* em 2016, foi de R$ 455.000,00, na Figura 24, na sequência.

Figura 24 - Faturamento 2016 (R$)

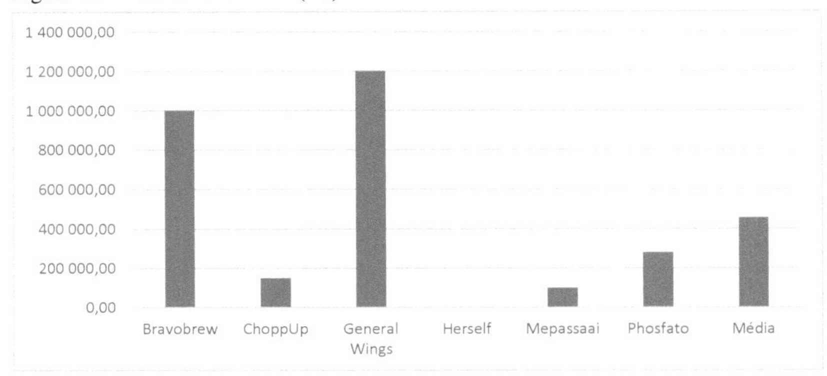

Fonte: Elaborado pelo autor

Como considerações sobre o âmbito. Todas as empresas selecionadas se encaixaram como *startups*, aprofundando a pesquisa, o teto do número de colaboradores ficou, conforme apresentado pela Figura 23, em dezessete, e o teto de faturamento ficou em R$1.200.000,00. Segundo a definição do Banco Nacional do Desenvolvimento (BNDES, 2017), microempresas devem possuir o faturamento menor ou igual a R$ 2,4 milhões, por essa subcategoria, verifica-se que todas são em relação a este critério microempresas. Quanto ao número de colaboradores, segundo o Serviço Brasileiro de Apoio às Micro e Pequenas Empresas - SEBRAE, em conjunto com o Departamento Intersindical de Estatística e Estudos Socioeconômicos - DIEESE (SEBRAE; DIEESE, 2013), a classificação ocorre conforme o quadro abaixo:

Quadro 6 - Classificação pelo número de empregados

Porte	Comércio e serviços	Industria
Microempresa (ME)	Até 9 empregados	Até 19 empregados
Empresa de Pequeno Porte (EPP)	De 10 a 49 empregados	De 20 a 99 empregados
Empresa de médio porte	De 50 a 99 empregados	De 100 a 499 empregados
Grandes Empresas	100 ou mais empregados	500 ou mais empregados

Fonte: SEBRAE; DIEESE (2013)

As empresas ChoppUP e Mepassaaí, seriam empresas de pequeno porte, atuantes no seguimento de serviços as demais seriam microempresas. Caracterizando dessa forma as selecionadas como empresas, jovens, com poucos colaboradores (ROBEHMED, 2013), que buscam formas de inovar.

5.2.1 CATEGORIAS E SUBCATEGORIAS DO CROWDFUNDING

Para a análise dos dados referentes ao constructo *crowdfunding,* dividiu-se de acordo com o roteiro de entrevista (Apêndice A), em duas categorias: *crowdfunding* utilizado como estratégia e tipo do *crowdfunding,* com seus resultados.

Incialmente, será feita a análise do *crowdfunding* utilizado como estratégia, que se subdivide em quatro subcategorias: formas de financiamento anteriores, como souberam do *crowdfunding*, motivação para uso do *crowdfunding* e modificações do produto/serviço para a campanha de captação.

Através das respostas transcritas, referentes as formas de financiamentos anteriores, observa-se uma distância considerável entre as empresas General Wings e a Herself, a com mais tempo de existência e a mais recente, respectivamente. A General Wings passou por várias formas de captação de recursos, antes do *crowdfunding*, como pode-se observar pela transcrição, "[...]comecei com recurso próprio, nos 3 primeiros anos foi "terrível". Você vai para o banco, não consegue pagar, eles "acabam", com seu crédito. Já havia colocado o apartamento e o carro. Foi o primeiro choque que eu levei. Acabei precisando de agiotas. Essa é a realidade brasileira. Factoring, ainda foi melhor que o banco. Antes do *crowdfunding*, fizemos um teste com a compra coletiva. Foi essa situação de compra coletiva nos levou a fazer o *crowdfunding*. Tivemos ainda um investidor "anjo" em 2013[...]" (informação verbal).

Enquanto que na mesma subcategoria temos o outro extremo das situações, através da transcrição da Herself, "[...]não tentamos, outra forma [...]" (informação verbal). O que observa dentro deste intervalo entre General Wings e Herself, é que quanto mais nova a *startup*, mais formas de financiamento foram tentadas antes do *crowdfunding*. Pode-se concluir que o *crowdfunding*, ganhou força como alternativa recentemente. Sendo encarado por empresas *startups* recentes, já como uma alternativa para financiar e por a prova no mercado sua inovação. Segue a transcrição das demais empresas:

"[...]recursos próprios, projetos de outros clientes, parceiros ou editais de fomento[...]", BravoBrew

"[...]com tentativas e sucessos, depositamos um projeto de inovação junto a inova sp, que é daqui de São Paulo pleiteando, financiamento que é passado pela FINEP. Esse foi o primeiro aporte relevante de capital da empresa, R$500.000,00, que foi usado para financiar o desenvolvimento de nossa chopeira que enche por baixo. Com IoT. Que é uma dívida muito boas e de 5 % ao ano[...]", ChoppUp

"[...]Tivemos um investimento "anjo" no início do projeto já em 2014. Nos inscrevemos em programas de apoio público de fundo perdido. Do governo estadual. Valores pequenos. Mas claro que para uma *startup* Rio foram 60.000,00. Tivemos um prêmio foi o programa energia de Portugal patrocinado pela EDP e ganhamos e recebemos um prêmio em dinheiro[...]", Mepassaaí

"[...]fizemos empréstimo para compra de insumos, com recursos próprios[...]", Phosfato

A análise que se faz empiricamente, é que as empresas em sua maioria se apoiaram em editais de fomento para o desenvolvimento de suas inovações, em investidores "anjos" e nos seus recursos próprios. Segundo Longhi (2011), a aceleração das Startups nos primeiros meses de existência ocorre em virtude de investimentos feitos por fundos especializados (editais de fomento). Percebeu-se também que quanto mais recente a empresa, mais rapidamente ela buscou o *crowdfunding*. Detectou-se na análise da ocorrência, em quem são citadas nas transcrições das entrevistas, uma porcentagem de vezes que cada forma de financiamento é citada em relação a soma do conjunto das ocorrências. Na figura 25, é mostrada a porcentagem em que cada uma delas aparece.

Figura 25 - Financiamentos utilizados, antes do *crowdfunding*

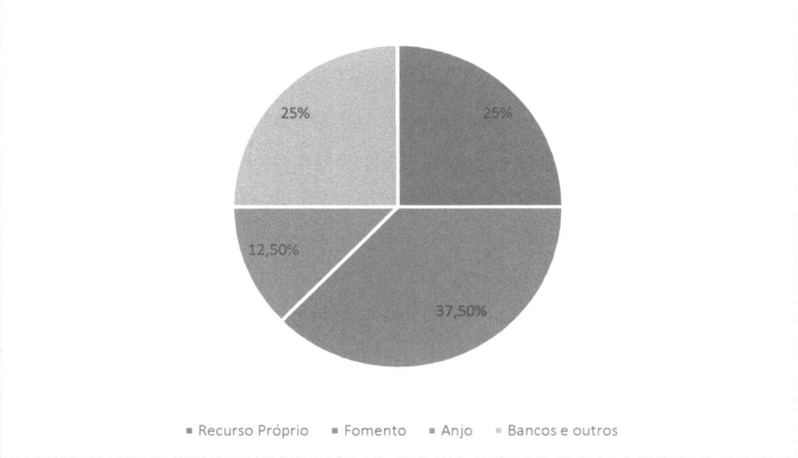

Fonte: Elaborado pelo autor

Para a segunda subcategoria que trata da forma como se soube do *crowdfunding*, as empresas como Herself e Mepassaaí, foram como que "cercadas" sobre informações sobre *crowdfunding*, e no caso da Phosfato, foi um parceiro muito influente que trouxe o assunto para os empreendedores. As demais, ficaram sabendo pela rede de relações *startups*, também acompanhando o crescimento do movimento no exterior. Abaixo as transcrições das entrevistas da Herself e Mepassaaí.

"[...]Dentro das *startups* e dos programas de negócio, que participávamos o financiamento coletivo é bem difundido. Somos instigados a fazer e testar. Para corrigir os erros. Fazemos e testamos cada etapa na Herself. O financiamento coletivo é muito conhecido dentro das *startups*. [...]", Herself

"[...]conhecíamos o produto fora do Brasil e em Barcelona também usaram a mesma forma de captação[...]", Herself

"[...]fomos em um evento e conhecemos um dos sócios da plataforma Eqseed, já havíamos ouvido falar. Mas conhecíamos todos os detalhes [...]", Mepassaaí

Com a análise das transcrições conclui-se pela predominância da influência do ambiente frequentado pelas startups, eventos, palestras que participam e rede de contatos. Como influenciador na escolha pelo *crowdfunding* como forma alavancar suas inovações. Também compõem parcela importante a influência dos exemplos estrangeiros. Segundo Belleflamme, Lambert e Schweinbacher (2013), o crowdfunding se desenvolveu no início em indústrias com foco artístico ou criativo (música, cinema, vídeo games). É um mercado de financiamento jovem, de origem em países anglo-saxões.

A Figura 26, mostra a porcentagem das ocorrências das formas como as empresas conheceram o financiamento coletivo. Em relação ao total das ocorrências. Onde estão elencadas, ambiente *startup*, palestras, rede de contatos e exemplos estrangeiros.

Figura 26 - Forma que conheceu o *crowdfunding*

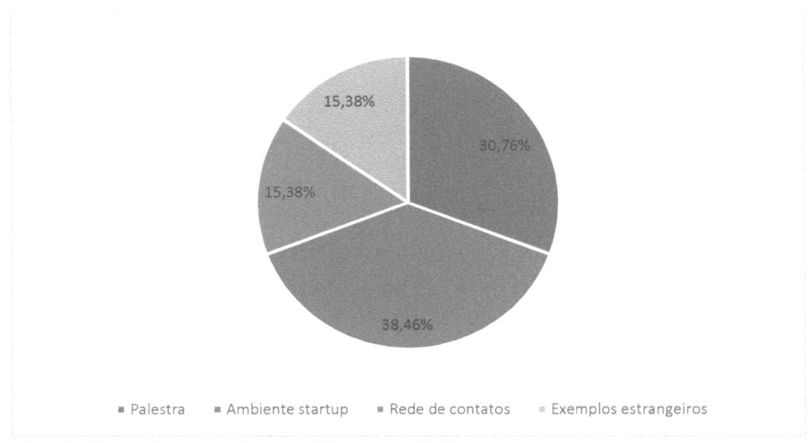

Fonte: Elaborado pelo autor.

Quanto aos motivos que levaram a escolha desta forma de financiamento, houve um equilíbrio grande entre as empresas, as motivações destacadas pelos entrevistados foram: financiamento da produção, testar mercado e produto, falta de uma plataforma de vendas, vender, ganhar visibilidade, trazer segurança ao investidor e sócios que apoiam, mas não interferem. Abaixo, transcrições que evidenciam essas motivações:

"[...]acompanhamos desde as plataformas, internacionais, acompanhamos a 5 anos aproximadamente[...]", Bravobrew

"[...]Nossa proximidade do mercado de *startups*, todos deste meio conhecem o *crowdfunding*. [...]", ChoppUp

"[...] foi essa situação de compra coletiva nos levou a fazer o *crowdfunding*. A necessidade de ter dinheiro para financiar a produção. Eu precisava do dinheiro para comprar os principais insumos que são importados. [...]", General Wings

"[...] para testar nosso produto. Não tínhamos plataforma de e-commerce. Usamos a plataforma para testar, nossas, vendas, produção. Optamos pelo *crowdfunding*, porque queríamos testar o nosso negócio, testar as nossas vendas, pois tínhamos desenvolvido nossa primeira solução. Nós queríamos testar, vendas, precificação e produção. Para ver o que temos que melhorar quando tivermos que escalonar nossas vendas. [...]", Herself

"[...] pois é muito difícil quem esteja disposto a investir, estávamos tendo muita dificuldade nesse meio de anjos e investidores. Muita burocracia. O ciclo demorava muito. Os sócios no *crowdfunding*, ele bloqueia a interação dos sócios, mas ele dilui muito o risco. Existe a pressão. Mas atrapalha muito quando o investidor, quer mudar tudo. [...]", Mepassaaí

"[...] pela segurança que a plataforma Broota trazia para o empreendedor e pelo investidor. Totalmente mais seguro que outras formas de financiamento. Pessoas que queriam nos ajudar, agora poderiam. Recebemos um convite que o fundador da revista Fhox de fotografia, prestamos mentoria de inovação e novos negócios. E eles nos colocaram em contato com o pessoal do Broota. [...]", Phosfato.

Com a análise destas transcrições fica claro que como segundo Gompers e Lerner (2004), novos empreendimentos requerem recursos para ter sucesso, e um dos mais críticos deles é o financiamento. O *crowdfunding* é uma nova alternativa para obter fundos sem ter de procurar capital de risco ou outras fontes tradicionais de investimento, como empréstimos contraídos em instituições financeiras. Todas as *startups* entrevistadas evidenciam esta dificuldade por experiência própria ou por exemplos de outras empresas. Esta dificuldade dos meios tradicionais é a motivação primária para escolha do *crowdfunding*.

Na figura 27, ficam explícitas as demais motivações, para uso do *crowdfunding*. Que são financiar a produção, testar o mercado e o produto, a falta de uma plataforma de venda, vender, ganhar visibilidade, trazer visibilidade ao negócio e conseguir sócios (investidores) que apoiam, mas não tem poder de decisão no negócio. Este último ocorrendo na modalidade de *equity crowdfunding*. Com análise das ocorrências em relação ao total, chegou-se a seguinte proporção percentual.

Figura 27 - Motivos para usar o *crowdfunding*

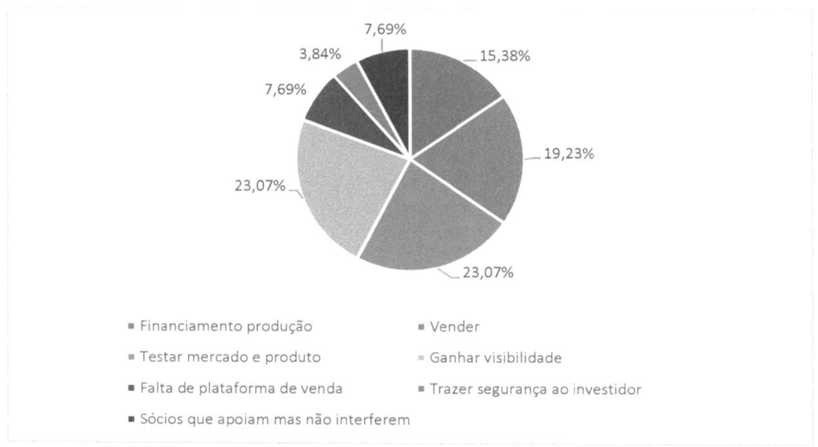

Fonte: Elaborado pelo autor

A última subcategoria da categoria, *crowdfunding* como estratégia é a análise das modificações que o produto, serviço e mesmo a organização sofreram para a campanha de captação. Chamou a atenção que os produtos ou serviços das *startups*, não sofreram segundo nenhuma das entrevistas modificações, o que mostra que estes estavam até certo ponto "maduros". Segundo Catarse, Chorus (2016) todos os projetos passam, obrigatoriamente, pela curadoria, de forma a filtrar projetos ainda em fase embrionária ou com riscos na execução. Os critérios gerais, citados na plataforma, o projeto deve ser "criativo e finito", trazer "benefícios coletivos", prever "recompensas não financeiras" aos apoiadores, "não ser um projeto tipo financie minha vida ou caridade" e ter obrigatoriamente um "vídeo de apresentação".

Todas as startups entrevistadas expuseram que passaram por modificações e melhorias nos processos de venda, marketing e planejamento que ganharam grande destaque nas transcrições. Segue abaixo a transcrição de trechos mais relevantes de algumas das entrevistadas.

"[...]tínhamos um projeto mais inovador, mas não tínhamos dinheiro. O aprendizado foi em relação a comunicação com o público[...]", General Wings

"[...]não tínhamos plataforma de e-commerce[...]", Herself

"[...] os sócios no *crowdfunding*, ele bloqueia a interação dos sócios, mas ele dilui muito o risco. Existe a pressão. Mas atrapalha muito quando o investidor, quer mudar tudo. Tivemos que melhorar nossa governança, nossos contratos. Tivemos que fazer um raio x na empresa. Nesse momento demos uma organizada a mais. Avaliamos nossos riscos, melhoramos nossos processos. Vimos que tínhamos que melhoras na organização internamento [...]", Mepassaaí

Na Figura 28, observa-se as modificações que cada *startup* vivenciou, como melhoria resultante do esforço na campanha, ficando explícito, a forte melhoria no marketing, seguido por planejamento e vendas.

Figura 28 - Modificações para o *crowdfunding*

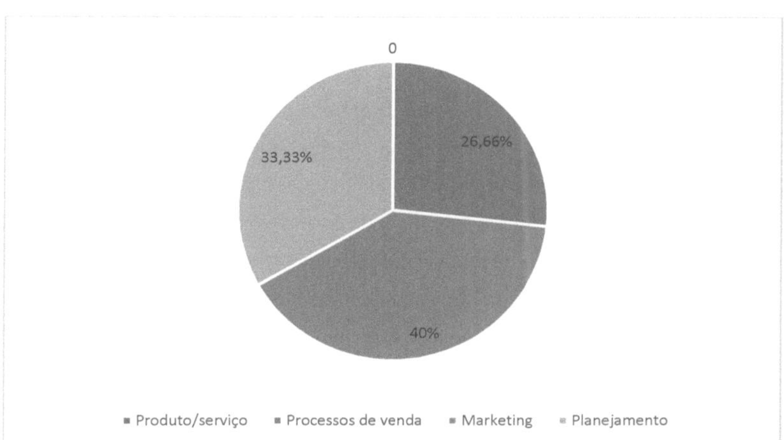

Fonte: Elaborado pelo autor.

Para a segunda categoria, tipo do *crowdfunding,* com seus resultados para uma melhor exploração dos dados coletados, foi dividido em quatro subcategorias: escolha da plataforma, tipo de *crowdfunding*, planejamento da campanha e como mais ganhou com a campanha, além dos recursos.

Segundo Mendonça e Machado (2015) o *crowdfunding* é um modelo de investimento, cuja premissa é captar valores de diversos investidores individuais para a viabilização de um empreendimento, por meio de uma plataforma online que divulga o projeto, em troca de remuneração ou benefícios associados ao projeto.

Quanto ao processo, da escolha da plataforma para hospedagem da campanha de *crowdfunding*, além de fatores mais comumente esperados como, "pesquisa" e "custo e condições", houveram duas outras situações, "indicação" e "afinidade". A plataforma de *crowdfunding* lucra com a campanha, não sendo uma entidade passiva, ela busca por ideias inovadoras que possam render campanhas satisfatórias.

Podemos analisar pelas transcrições, os motivos da escolha da plataforma.

"[...]credibilidade da plataforma, escolhemos o Kickante pelas condições. Mais voltadas a equipamento, inovação. Outras plataformas são mais sociais. Kickente tinha uma "pegada" mais de inovação com a contribuição dividindo em 6 x no cartão de crédito. Taxas administrativas e o custo. Kickante e pagamento parcelado da contribuição. [...]", BravoBrew

"[...]usamos o Broota, por afinidade. Por proximidade com o pessoal Egenius e Easy taxi e nos apresentou o fundador do Broota[...]", ChoppUP

"[...]usamos o Kickante que tive mais interesse pelo projeto. Precisamos receber o recurso antes de fechar a campanha. Eu precisava da entrada para comprar os produtos e adiantaram nos primeiros trinta dias e o Kickante tinham um custo menor. [...]", General Wings

"[...]fizemos uma tabela comparativa entre todas as plataformas mais conhecidas do Brasil [...] comparamos o regime se era tudo ou nada ou flexível, comparamos as porcentagens tudo ou nada e flexível, os cases de sucesso e decidiu que fazia sentido para nós, escolhemos o modo flexível, com uma plataforma de melhor custo benefício[...]", Herself

"[...]não escolheríamos outras plataformas porque nesse caso precisamos de uma plataforma que fosse especializada em *equity crowdfunding*, estamos abrindo como "IPO" bem pequena. E por estarem no Rio Janeiro onde também estamos. Pelo fato dos sócios da Eqseed, terem muita experiência no setor financeiro e acesso CVM, eles foram muito seletivos [...]", Mepassaí

"[...]pela segurança que sentimos. Por ter nascido de um *crowdfunding*. E pelo fato de ter sido recomendado pela revista Fhox [...]", Phosfato

Na Figura 29, pode-se ver o resultado das motivações para escolha da plataforma, que passa principalmente pela afinidade de objetivos com a plataforma, indicação, custo e condições.

Figura 29 - Escolha da plataforma de *crowdfunding*

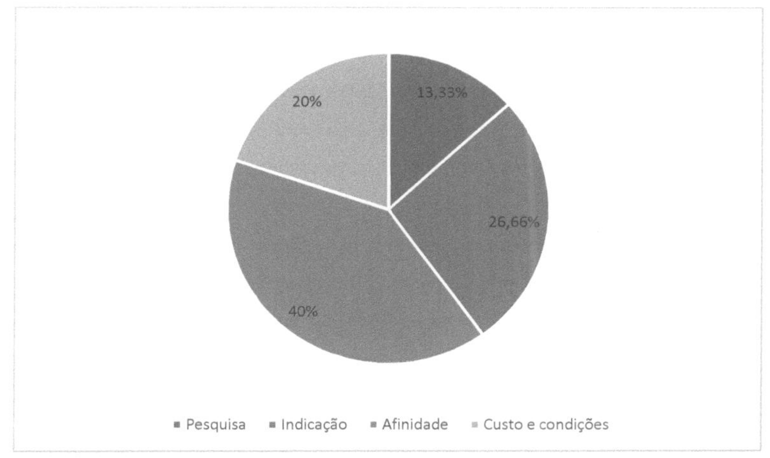

Fonte: Elaborado pelo autor

A escolha da plataforma mostrou-se ligada a escolha do tipo de *crowdfunding* (afinidade), as empresas optaram pela *reward*, modalidade de recompensa que é uma pré-venda quando a recompensa, é o próprio produto e o *equity,* modalidade onde a empresa está abrindo uma parte sua para venda, captando investidores que recebem um título da dívida conversível.

ChoppUp, Mepassaaí, e Phosfato, fizeram campanhas de equity, outro motivo que transparece a escolha é que são empresas de serviços inovadores. Então não possuíam produtos para a venda. As demais, BravoBrew, General Wings e Herself, optaram pelo *reward.*

Para o processo de planejamento da campanha, houve uma situação parecida com a anterior onde empresas que fizeram campanhas de equity, tiveram que investir muito em organização interna, com o objetivo de passar confiança aos investidores. As empresas de reward, pré-venda, investiram muito em marketing, para se comunicar com o público.

O último item dessa categoria, seriam os ganhos extras, além da captação. Havendo três itens apontados pela análise do conteúdo, são eles: visibilidade, planejamento e inserção no mercado. Como demonstram as transcrições abaixo:

"[...]principalmente visibilidade, junto aos meios de comunicação, mídia gratuita bem interessante [...]", BravoBrew

"[...]ganhamos 80 cabeças, pensando no futuro do negócio. Todos envolvidos como sócios querendo a prosperidade do negócio. [...]", ChoppUP

"[...]aprendemos a transformar a inovação em uma peça de comunicação. A aproximação com o cliente. Ela serviu para nos dar alcance na internet e encontrar um possível cliente que você não conhece que está disposto a comprar um produto que ainda está em desenvolvimento. [...]", General Wings

"[...]Nossa, ganhamos muito em questão de experiência. Essa pré-venda foi um teste de tudo que estávamos fazendo. Nos colocou com o cliente final. Tivemos que lidar com a gestão de crise também, pois recebemos e-mails. Principalmente a experiência de venda. Foi o que mais ganhamos[...], Herself

[...] Visibilidade, isso gerou uma grande "visibilidade". Gerou interesse de muitas pessoas inesperadas. Alguns investidores que realmente contribuíram com grande ajuda no negócio. Tivemos pessoas do mercado de educação investindo. De uma forma não muito invasiva, como sócios que querem mudar seu negócio. [...]", Mepassaaí

[...] Contatos com vários investidores, mais "cruéis" e querem fazer parte do negócio. Aprendemos a fazer pesquisas, de feedback com os clientes, nossos assinantes. Aprendemos a verificar o *turn over*, dos clientes. [...], Phosfato

Na figura 30, podemos visualizar os ganhos além do que foi captado na campanha, segundo suas porcentagens de ocorrência nas transcrições das entrevistas, nas quais se destacam visibilidade, inserção no mercado seguida de planejamento.

Figura 30 - Ganhos além dos captados na campanha

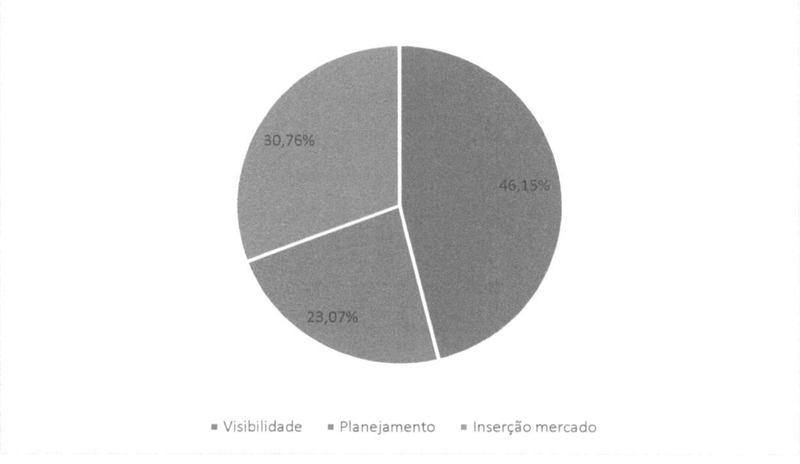

Fonte: Elaborado pelo autor

5.2.2 CATEGORIAS E SUBCATEGORIAS DA INOVAÇÃO

Baseando-se no referencial teórico são definidas ainda algumas atividades que compõem o processo da inovação: o financiamento, pelos investidores que oferecem capital de risco; a geração, que pode ser desenvolvida por diversos atores; e a comercialização, por meio das empresas mais capacitadas para o tipo de inovação desenvolvido (CHESBROUGH, 2003). Nesse contexto, uma atividade crítica para a gestão da inovação está na obtenção de financiamento pelo capital de risco. O fator limitante na concessão desses financiamentos de risco está no potencial de crescimento e na atratividade da proposta de valor (ESTRELLA; BATAGLIA, 2013).

O outro constructo desta pesquisa é a inovação que possui as categorias: nível de inovação e estratégias para inserção no mercado. Para a análise da categoria nível de inovação, temos as subcategorias: produtos, serviços e desenvolvimento, processos de produção e exemplos, parcerias e sociedades e por fim experiências com as parcerias.

Buscando a inovação nos produtos e serviços das *startups* selecionadas, vemos que estas *startups* trouxeram em muitos casos suas inovações de fora, com o objetivo de inseri-las no mercado brasileiro. Já outras empresas, verificaram lacunas não atendidas em nosso mercado interno. Ressalta-se o caso da ChoppUp, que trouxe o produto inovador de fora, mas faz a comercialização do mesmo como serviço, mas que necessitou de grande investimento para custear a pesquisa e desenvolvimento de sua adaptação ao mercado brasileiro. A empresa de serviços, Mepassaaí, identificou através do cotidiano de um professor universitário, sócios e fundador, a falta de base dos alunos em matemática dos estudantes universitários que cursavam curso de exatas, e sua dificuldade em encontrar tempo, pois a grande maioria trabalhava. Para a empresa paranaense Phosfato, um dos sócios mantinha como *hobby*, a fotografia, e verificou que no ambiente fotográfico haviam inovações tecnológicas constantes nos equipamentos e papéis de impressão, mas não na relação das pessoas com suas fotografias. O que criou segundo os empreendedores da Phosfato, sua ideia criar produzir à “fábrica de memórias”.

Abaixo podemos ver a explicitação, através dos trechos das entrevistas, analisados e que demostram como se deu a inovação em seus produtos e serviços:

“[...]pensando no nicho de cervejas artesanais. Pesquisamos produtos, e descobrimos uma empresa nos EUA, chamada Picobrew, mas não tinham interesse em entrar na América Latina. Trouxemos o produto americano, analisamos desmontamos e adaptamos com o que tínhamos em mãos para produzir um produto de qualidade. Planejamos lançar uma chopeira, desenvolvemos um e-commerce para fomentar a venda de insumos e até a própria marcar que pode virar uma marca de cerveja[...]", BravoBrew

"[...] para produzir as máquinas temos aqui dentro com um processo de montagem individual, mas criamos procedimentos de montagem e processos. Os copos são patenteados nossos e produzimos de plástico e vidro. Com linha de montagem de copos. Isso demandou muito capital e equipamento. Adaptamos os copos de plásticos [...]", ChoppUp

[...]Bicicletas elétricas. Com a busca pela inovação fora do Brasil. Foi em uma viagem a China em que vimos as pessoas usando este meio de transporte de baixo custo[...], General Wings

"[...]já conhecíamos o produto fora do Brasil[...]", Herself

"[...]é uma plataforma de conteúdo de reforço para universitários. Começamos abordando somente a área de exatas. Engenharias principalmente. [...], Mepassaaí

"[...]somos um plano de assinaturas mensal de fotos surpresa. Através da identificação da falta de inovação no meio fotográfico[...]", Phosfato

Na figura 31, pode-se ver a que nível de inovação se destacam as *startups*, segundo seu percentual de ocorrência nas transcrições das entrevistas, relação ao total de ocorrências. Destacando-se fortemente, a nível de produto/serviço e gestão. Seguida pela inovação a nível de processo.

Figura 31 - Níveis de inovação nas *startups*

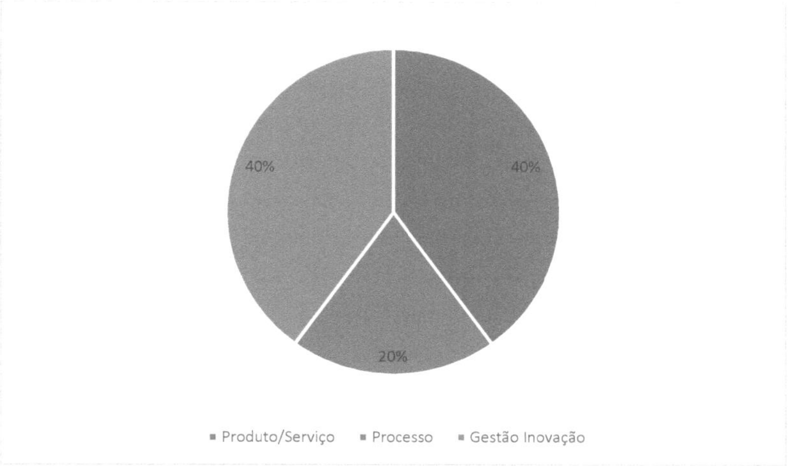

Fonte: Elaborado pelo autor

A inovação sistemática, portanto, consiste na busca deliberada e organizada de mudanças, e na análise sistemática das oportunidades que tais mudanças podem oferecer para a inovação econômica ou social (DRUCKER, 2003). A gestão da inovação procura assegurar que os experimentos sejam bem-concebidos e controlados, minimizando falhas e aprendendo com elas, quando inevitavelmente ocorrem (TIDD; BESSANT; PAVITT, 2008). O gerenciamento da inovação consiste no desenvolvimento de padrões de comportamento eficazes, ou seja, no desenvolvimento de rotinas integradas às habilidades mais amplas (NELSON; WINTER, 1982; TIDD; BESSANT; PAVITT, 2008).

Através da análise dos processos de produção e de prestação de serviços, no caso da ChoppUp, a inovação se dá prestação de serviços, pois a chopeira, que enche o copo de maneira inovadora, por baixo. Também no controle da chopeira que usa os conceitos de IoT (*Internet of Things*), para registro na nuvem das atividades de cada chopeira e o controle através de uma aplicação para *smartphones*. Na Herself, além de fazer o produto com tecnologia totalmente nacional, as empreendedoras buscam inovar no processo de produção através de modelos que tragam mais e autoestima para as clientes. Como fica explícito no trecho da transcrição abaixo: "[...]queríamos uma calcinha para aumentar a alta estima, que valorizasse a mulher Fomos então em busca de materiais absorventes [...]", Herself

Um dos princípios básicos da inovação que se dá de forma aberta em uma campanha de *crowdfunding* é o reconhecimento que nem todos os componentes para uma inovação são originados de fontes internas da organização e que o conhecimento proveniente de fontes externas pode tornar mais efetivos ou amplos seus próprios esforços (WITZEMAN et al., 2006). As interações entre organizações assumem papel relevante e despertam o interesse para a inovação que nasce de parcerias, alianças, *jointventures* e organizações em rede.

Nas entrevistadas a inovação através de parcerias, se mostrou relevante com fornecedores e novos sócios com habilidades complementares principalmente na área de vendas. Como fica explícito nas transcrições abaixo:

"[...]neste desenvolvimento, identificamos um mestre cervejeiro e propomos uma parceria comercial[...]", BravoBrew

"[...]mais importantes na parte de IoT com a Amazon e eles acham nosso negócio como um grande chamariz, eles buscam empresas como Choppup para mostrar exemplos bem-sucedidos e IoT, eles nos fornecem o espaço e nos deram a infraestrutura de TI e eles tem um caso de IoT e eles tem o caso de sucesso. [...]", ChoppUp

"[...]principalmente com os fornecedores. Ele é crucial para o processo. Então minha estratégia foi desenvolver fornecedores. [...]", General Wings

"[...]nós duas temos um perfil técnico. Ambas somos estudantes de Eng. Química. Estamos buscando novos sócios, talvez um novo sócio. Mas com um perfil mais comercial. Mais comunicação, para complementar o nosso perfil [...]", Herself

[...]Sempre trabalhamos onde o gerador de conteúdo é um parceiro ou funcionário. E revisores de conteúdo, mas todos prestadores de serviço contratualmente. Temos parcerias de divulgação com blogs da área Blog da Engenharia é um exemplo. Parcerias comerciais e de divulgação[...]", Mepassaaí

"[...]principalmente com os prestadores de serviços. Somos nós três e contratamos serviços. Temos buscado os parceiros buscando baratear nossos custos[...]", Phosfato.

Na figura 32, pode ver o percentual de ocorrência das formas de parcerias desenvolvidas mais relevantes segundo as *startups*, selecionadas.

Figura 32 - Parcerias desenvolvidas pelas *startups*

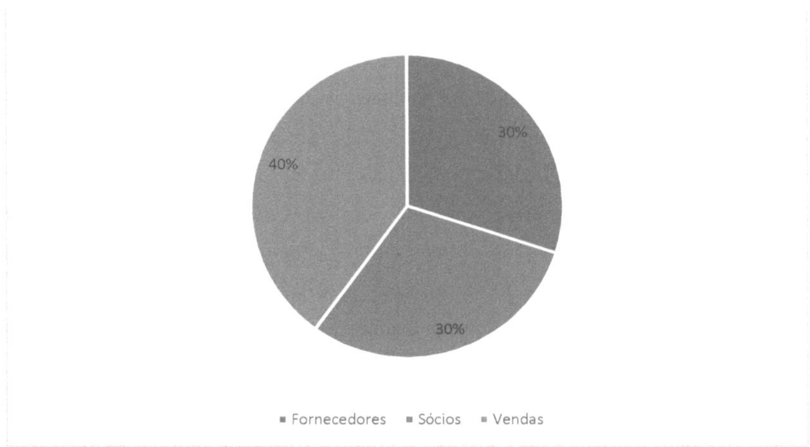

Fonte: Elaborado pelo autor

Todas as empresas afirmaram possuir, contratos de prestação de serviços e de entregas com seus parceiros, no caso da General Wings, uma casual falha dos fornecedores, causaria ruptura na sua linha de montagem. Como fica explícito na transcrição da entrevista, abaixo:

"[...]então minha estratégia foi desenvolver fornecedores. Para que um insumo não me gerasse ruptura na cadeia de produção[...]", General Wings

Para a Mepassaaí, uma empresa geradora de conteúdo, os professores e alunos que geram e revisam seus conteúdos, essenciais, para seu negócio. Conforme transcrição abaixo:

"[...]sempre trabalhamos onde o gerador de conteúdo é um parceiro ou funcionário. E revisores de conteúdo, mas todos prestadores de serviço contratualmente [...]", Mepassaaí

Quanto a categoria das estratégias para inserção no mercado, na subcategoria das estratégias de inovação, observou-se que trazer a inovação de fora, as parcerias, gestão e os processos de pesquisa e desenvolvimento são o foco das entrevistadas. A estratégia empresarial tradicional guiou o desenvolvimento de posições defensáveis contra as forças da concorrência e do poder na cadeia de valor, o que implica na importância de construir barreiras à concorrência, em vez de promover a abertura, entretanto, as empresas e até indústrias, como a indústria de software, estão experimentando novos negócios e modelos baseados no aproveitamento da criatividade coletiva através da inovação aberta. O sucesso aparente de algumas dessas experiências desafia as visões prevalecentes de estratégia. Desenvolvimentos recentes indicam que muitos desses experimentadores estão agora lidando com questões relacionadas à captação de valor e sustentabilidade de seus modelos de negócios, bem como questões de influência corporativa e potencial de co-opção de iniciativas abertas (CHESBROUGHT, 2003).

Nas transcrições abaixo, ficam explícitos estes focos:

"[...]tentamos fazer a inovação pensando no mercado, tentando identificar potencializar novos negócios e produtos. Tentando agregar tecnologia ou design na inovação. Engenharia com design para produzir nossas inovações[...]", BravoBrew

"[...]no desenvolvimento do software a Gemini nos auxiliou, muito a com o desenvolvimento do app para smarthphone. As injetoras eram de outro investidor [...]", ChoppUp

"[...]a general Wings, investe no desenvolvimento do design do produto, para o mercado brasileiro. Com três específicos produtos que é o desenvolvimento do quadro específico, o fornecedor da bateria e o fornecedor do motor. São nossos diferenciais e feitos sobre medidas. Desenvolvem dedicados para mim. Somos 100% inovação temos apoio do Sebrae do programa ALI. (agente, local de inovação). Inovação para nós começou deste do produto, colocamos que precisamos inovar na cadeia de produção ou não faríamos um produto mais barato[...][...]começamos na inovação do próprio produto em si, buscando um produto mais simples. Olhamos um conjunto de problemas, poluição, sustentabilidade, barulho, espaço nos grandes centros, matriz energética. Que a mobilidade elétrica parecia uma inovação como interseção para solução destas questões. Foi nesse drive de Inovação. [...]", General Wings

"[...]desenvolver mais modelos e diversos cortes, cada cliente gosta de uma maneira diferente. Desenvolver novas tecnologias e novos cortes para agradar mais clientes. Isso não vai parar nunca [...]", Herself

"[...]por ser uma *startup* você já nasce com a inovação na "veia", e entramos muito em contado com os alunos. Para entender o que está acontecendo, o que deveria melhorar, o que há de novidades. Em 2014 poucos estudavam pelo mobile hoje passa de 50% vimos então a necessidade de fazer o app. Sem ficar trazendo *features* desnecessárias. [...] isso vai dar resultado para o nosso cliente [...]", Mepassaaí.

"[...]estamos planejando subprodutos, com uma empresa parceira. Ele tem um álbum inovador. Dentro so nosso sistema de apoio a gestão de projetos temos vários produtos e ideias com tags verde, amarela e vermelha. Com a vermelha coisas como o uso de realidade virtual. E verde coisa quase prontas com o algum. Temos estudo de gameficação para as pessoas do clube. Tentamos não matar ideias. Mas analisador o custo de cada coisa. E vamos depurando cada projeto. Até que ele faça sentido [...]", Phosfato

Na figura 33, o levantamento dos percentuais de ocorrências das estratégias, deixa claro o equilíbrio de uso por parte das entrevistadas pela busca de novidades de fora, pesquisa e desenvolvimento e a grande relevância para gestão e o estabelecimento de parcerias.

Figura 33 - Estratégias de inovação

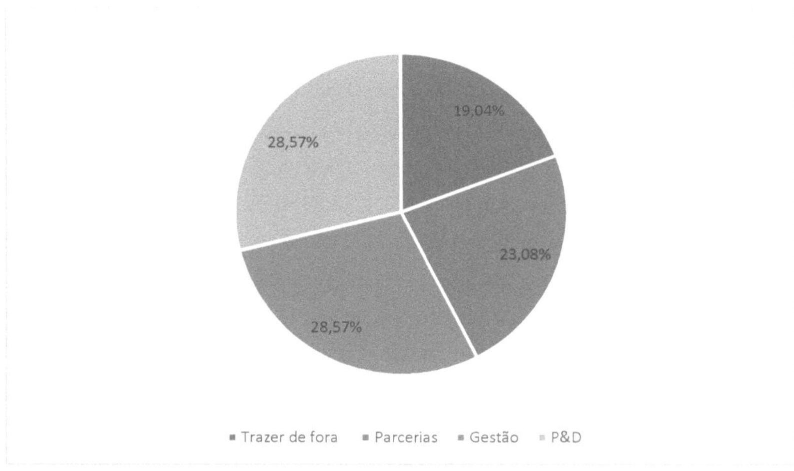

Fonte: Elaborado pelo autor

A inovação é uma estratégia de alto risco, gerando um alto índice de fracasso entre a ideia inicial e a concretização do lançamento de um produto ou serviço no mercado, a menos que o processo seja cuidadosamente gerenciado (TIDD; BESSANT; PAVITT, 2008). Porém, a aversão excessiva ao risco, que amordaça tendências de inovação, pode ser tão prejudicial quanto o excesso de otimismo, que favorece o investimento em projetos de baixo ou negativo retorno (TEECE, 2009). Portanto, ambos os efeitos do risco e da incerteza são negativos para a empresa, devendo o gestor buscar o equilíbrio, o bom senso e a objetividade nas suas decisões.

Segundo todos os entrevistados, suas inovações estão ganhando mercado, principalmente, após suas campanhas de *crowdfunding*, mesmo que a campanha fosse de captação de investidores da modalidade *equity*, trouxe sempre uma grande visibilidade.

Segue abaixo, as transcrições que explicitam, este ganho de mercado:

"[...] sim. estamos remodelando a parte comercial, colocando pessoas para fazer vendar e colocar nossos produtos no mercado[...]", BravoBrew

"[...] sim. Especialmente o cliente dono de bares e restaurantes percebe a vantagem que a máquina traz no desperdício. Que comporta muito mais do que ele gasta, com a locação. [...]", ChoppUp

"[...]sim, estamos!!!!!!![....]", General Wings

"[...]sim muito. Enquanto estávamos desenvolvendo o produto, tivemos várias voluntárias de todo o Brasil inscritas para testar o produto. Ele gerou muita curiosidade. Meio revolucionária! Ele gerou um estranhamento com uma curiosidade. [...]", Herself

"[...]Com certeza, apesar do crescimento do EAD. Mas pelo contrário a faculdade por ter as obrigações legais cria um mínimo de aulas. E o aluno não consegue. E queremos aumentar o grau de interação entre professores alunos e monitores. Nossa maior barreira foi a faculdade entender como uma concorrência para o EAD. [...]", Mepassaaí

"[...]Sim. Porque o mercado é muito carente de inovação as câmeras melhoram o papel de impressão, mas não a forma de atuar no mercado. Aí nós entramos. [...]", Phosfato

Outra subcategoria analisada, na categoria estratégias para inserção no mercado, foi a geração de patentes e registros. Houveram reclamações de empreendedores como é o caso da BravoBrew, sobre o processo de registro de patentes no Brasil, como segue a transcrição abaixo:

"[...]Já patenteamos alguns produtos, mas a patente no Brasil é algo "surreal". O que faz um produto ficar no mercado ou não perder o time dele é produzir e é realmente conseguir comercializar, a patente não assegura as coisas. Quando se consegue a patente, o produto já está a "10 anos" no mercado. E a tecnologia já sofreu muitas mudanças. [...]", BravoBrew

Para o empreendedor da ChoppUp, ter conhecimento de como fazer patentes, é uma vantagem, algo que a *startup*, encontrou em um dos sócios. Como segue abaixo, explícito:

"[...]temos o copo. Mas temos ao todo 12 patentes. Temos muitas ações para proteger nossas inovações. A estratégia de não vender as máquinas é inclusive para proteger a propriedade intelectual. Um dos nossos sócios fundadores, tem um conhecimento diferenciado para escrever as patentes. Que é fazer um texto genérico, mas que proteja a propriedade em todos os pontos importantes. [...]", ChoppUp

A General Wings, afirmou possuir os projetos registrados em cartório. "[...]temos os projetos registrados em cartório. Mas não patente. Temos patente do nome. Pela velocidade da inovação tecnológica. Registramos de forma estratégica, registramos aquilo que é de propriedade intelectual nossa. A bicicleta elétrica não é nossa invenção. O que registramos é um projeto de um produto que é um quebra-cabeça [...]", General Wings

A Herself, como a mais jovem das empresas, informou que está em busca de fazer as patentes. Para a Mepassaaí, tem-se o problema, segundo eles de registro de um *software*. A transcrição a baixo exemplifica a situação:

"[...]A marca ter registro. Mas não temos produtos patenteado. É muito complicado na área de software registrar[...]", Mepassaaí

A Phosfato se encontra junto com a Herself, não possuindo patentes. Ambos explicitaram o desejo de possuir. Conforme, transcrições:

"[...]estamos em busca de fazer a patente [...]", Herself

"[...]por hora ainda não. Estamos em processo. Queremos patentear o sistema[...]", Phosfato

Para a subcategoria, estratégias de inserção e expansão no mercado. Fica visível a busca de inovar neste sentido também, estabelecendo redes de vendas, franquias, nacionalização do produto, internacionalização, novas parcerias e uso de mídias sociais. Como demonstrado nas transcrições, abaixo:

"[...]sim focados nas vendas, procurando linhas de crédito, para podermos investir no comercial e marketing e organizar a parte produtiva. Para que comercial e produção caminhem juntos. Estamos em uma faze muito "delicada" da empresa. A expansão comercial. Aliados a busca e fomentos, via Finep. Trabalhamos junto a prefeitura doação a um terreno junto ao parque tecnológico com o objetivo de construção de uma sede própria. Mas é um capital que fica imobilizado. Que não é o melhor no momento. [...]", BravoBrew

"[...]temos as franquias e representação comercial. E a internacionalização. Pretendemos começar pela Europa mais que o mercado vizinho[...]", ChoppUp

"[...]A estratégia para expansão do mercado brasileiro. Precisamos produzir no Brasil, para baratear o custo. Não temos fornecedores de padrão internacional. Compramos fora por ser melhor. Todo munda ganha na cadeia de envio. Menos a nossa empresa. Temos que nacionalizar a nossa produção para expandir nosso negócio. Para então internacionalizar. Temos difíceis entraves de capital de giro com as grandes redes varejistas de e-commerce. Nos fazendo termos altos custos financeiros. [...]",GeneralWings

"[...]nós estamos planejando estratégias, mas ainda recente. Prefiro não comentar ainda. [...]", Herself

"[...]estamos expandindo o produto me passa ai para a área da saúde e expandindo o B2B com o BigData da Universidade. Estamos planejando uma estratégia para que o mepassaaí atinja outros países. Atualmente ele é assistido em 120 países. Que são pessoas que falam língua portuguesa. Estamos fazendo um projeto social para a África. Para acesso a alunos. Portugal e américa latina, tem mais de 11 milhões de universitários e estamos pensando nessa possibilidade. [...]", Mepassaaí

"[...]o que buscamos é um modelo de negócio que possa escalonado. E recebemos e-mails de pessoas de fora que querem as fotos, e não entendem porque não imprimimos no pais deles. Temos muitas notificações de Portugal. Usando o Instagram e outras mídias sociais. Até mesmo venda porta a porta é cogitado. Ativando nossos canais de tração, para conhecermos novos mercados. [...]", Phosfato

Na figura 34, vemos nas porcentagens de ocorrências das estratégias de vendas o equilíbrio entre as citadas.

Figura 34 - Estratégia de expansão e inserção no mercado

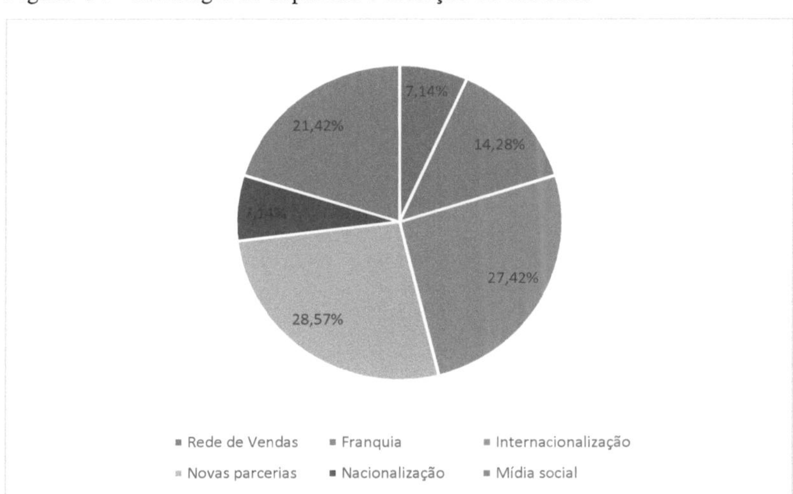

Fonte: Elaborado pelo autor.

Usando-se a análise das ocorrências no conteúdo gerado pelas transcrições das entrevistas das *startups*, foi possível gerar evidências para a discussão dos objetivos específicos desta pesquisa, que são:

1) Verificar se *startups* de base tecnológica no brasil, fazem uso do *crowdfunding*;

2) Identificar os tipos e formas de *crowdfunding* utilizado pelas *startups* de base tecnológica;
3) Verificar se as *startups* de base tecnológica apresentam inovação como fator de inserção no mercado;
4) Identificar as formas e níveis de inovação encontrados na operação das *startups*.

Evidências que serão discutidas no próximo capítulo de considerações finais, através das informações levantadas quanto ao *crowdfunding* e inovação nas *startups*.

6 CONSIDERAÇÕES FINAIS

Neste trabalho de pesquisa, identificaram-se razões que motivaram as *startups* de base tecnológica a fazer uso do *crowdfunding*. Constatou-se, que todas as empresas entrevistadas fizeram uso do *crowdfunding* pelas dificuldades apresentadas nas outras formas de financiamento. Mostrou-se também que as empresas com trajetórias mais longas tiveram dificuldades de captar recursos nos meios tradicionais, os que buscaram investidores "anjo", citaram como uma dificuldade a mais a interferência destes na gestão das empresas, desviando a organização dos objetivos de seus fundadores. Já as empresas mais novas, foram criadas em um ambiente onde o uso do *crowdfunding* era disseminado, desta maneira não tentaram utilizar as formas tradicionais de financiamento.

As *startups* buscam fazer uso do *crowdfunding*, por ser uma forma menos arriscada de captar investimentos de novos sócios, com mais garantias para os sócios investidores, providos pelas plataformas, através da modalidade *equity*. Modalidade esta que é a venda de uma parte da empresa para investidores, mas que mantém o controle da empresa nas mãos dos seus sócios iniciais. Através do *equity*, as empresas investem muito em planejamento e na descoberta de seu valor real de mercado, feito com a consultoria de especialistas da plataforma, que almeja o sucesso da campanha, sua fonte de receita. Além da captação de investidores, com seu risco diluído, pelos valores menores dos aportes e pela quantidade de investidores.

Na modalidade *reward*, também conhecida como pré-venda, pelas plataformas e *startups*, faz uma conexão valiosa entre o produto inovador do empreendedor e o mercado consumidor, que na análise deste estudo, observou-se que o próprio empreendedor desconhece o seu mercado consumidor. Neste caso, o consumidor é o verdadeiro investidor na ideia inovadora, está disposto a investir em um produto que ainda é um protótipo e deseja, participar da criação dos mesmos, conversando diretamente com a *startup*. A plataforma de *crowdfunding reward*, desempenha também um papel de canal marketing e de vendas eletrônico. Recursos que muitas empresas em estado embrionário, como é o caso de várias não detêm, abrindo caminho para a aquisição de recursos, que serão investidos na criação de infraestrutura de vendas e na melhoria continua de produtos e serviços. Situação que como evidenciado nas entrevistas nunca tem finalização.

Outra situação encontrada para as *startups* de base tecnológica buscarem o uso do *crowdfunding*, é que, ele faz parte de seu "meio ambiente" inovador e participativo como estas empresas se propõem a ser. Também por encontrarem menos entraves burocráticos, por ser um parceiro que se sustenta, exclusivamente do sucesso das *startups*, gerando uma sinergia natural entre a plataforma e a empresa.

Na busca por identificar os tipos e formas pelas quais essas *startups* se utilizam do *crowdfunding*, se explicitou a força das modalidades *equity* e *reward*, que são a captação de investidores, através de títulos da dívida conversíveis, e a recompensa que feito em sua maioria através do próprio produto. Houve, no entanto, relatos dos empreendedores, que pessoas simplesmente doaram valores, desejando apenas o sucesso do produto ou projeto. O *crowdfunding* em suas modalidades mostrou-se como uma ferramenta valiosa de ligação entre a massa, "*crowd*" e a empresa, ligação essa do qual a plataforma é o único intermediário e parceiro da campanha de captação. A plataforma escolhida, muitas vezes por indicação e afinidade, mostra que a relação que se busca com a *startup* é maior do que simplesmente lucrar com sua campanha. As campanhas das empresas entrevistadas, mostram que os empreendedores eram muitas vezes apresentados aos donos das plataformas, gerando vínculos de interesses comuns, característica essa que com o crescimento do *crowdfunding,* pode-se perder.

O *crowdfunding* é um meio de testar produtos no mercado, como relatado anteriormente, é preciso ter um produto minimamente maduro e passar a impressão de credibilidade, sendo assim, uma campanha malsucedida pode ser encarada como um indicador de que seu produto, serviço ou mesmo a empresa, ainda não estão prontos para ser lançados e atender o mercado consumidor. O financiamento coletivo é uma forma muito econômica de investimento na produção, testar seus conceitos, fazer a validação junto ao mercado consumidor. Se aprovado, a empresa seguirá adiante, fazendo e testando. Alguns tiveram, uma longa e penosa estrada, atrás de capital, tendo problemas com o crédito, convivendo com a perda dos próprios bens pessoais e familiares em muitos casos. Estas empresas optaram por essa modalidade de financiamento principalmente por seu risco ser mais diluído.

Na identificação das formas e níveis de inovação na gestão das empresas, ficou evidente a busca no exterior por produtos inovadores, que não possuem similaridade em nosso país. Mas sempre com a ideia de melhorar e deixar o produto apto a atender as necessidades do nosso mercado brasileiro. No caso das empresas que prestam serviços, ambas viram lacunas e oportunidades nas atividades cotidianas dos sócios, "somos inundados todos os dias com informações e acabamos por não perceber o óbvio", estas empresas inovaram percebendo situações comuns e fazendo algo a seu respeito. A busca constante pelo ganho de escala em seus produtos e serviços, denota o modo inquieto como estes empreendedores encaram os desafios impostos por nosso mercado atual. Constantemente buscando parcerias com o objetivo de trazer novas habilidades e aptidões para os recursos da empresa. Observou-se que alguns produtos e serviços inovadores existem, devido as parcerias que as tornam viáveis. Estes startups inovam na criação, no desenvolvimento, na comercialização e buscam sempre por parceiros que fortaleçam sua estrutura.

No quesito de estratégias para inserção no mercado, a campanha de *crowdfunding* volta a ser uma ferramenta indispensável na comunicação. Todos os entrevistados relataram que a campanha trouxe visibilidade para os empreendimentos, atraindo a visão de mais parceiros e mercados que ainda não haviam se deslumbrado. O registro de patentes é um indicador conhecido sobre a criação de inovação, apesar da maioria das empresas a possuírem. Segundo relatos dos empreendedores entrevistados, era um objetivo a ser conquistado, porém esbarram no seu tramite burocrático ainda existente em nosso país. Um dos entrevistados relata que saber escrever patentes é uma vantagem. A dificuldade institucional de registrar patentes, inibe os empreendedores. Houve um relato sobre as dificuldades e problemas obter registro de um *software*, por ser composto de vários trechos reutilizados. Esse assunto referente a patentes é uma vertente que carece de mais pesquisas.

O *crowdfunding* segundo os entrevistados foi o fator essencial para inserção no mercado, fomentando ainda mais, o desejo das empresas de se fortalecerem mais no mercado nacional e internacional. Estratégias como a internacionalização, buscar parcerias, representantes comerciais, nacionalização de componentes utilizados na fabricação dos produtos, com a finalidade de reduzir o custo final. Também surgiu um relato de que as mídias sociais favorecem muito a expansão e a visibilidade, no mercado.

É possível concluir que a pesquisa respondeu as quatro questões iniciais de pesquisa, descritas nos seus objetivos, observando sempre as limitações relativas ao tamanho da amostra e a metodologia utilizada, sugerindo a realização de outras pesquisas nesta área de estudo, com formulação de novas perguntas sobre os constructos analisados, assim como, o âmbito da pesquisa sobre as *startups*.

Um dos resultados indiretos de toda a pesquisa científica, é abrir um caminho para a produção de informações que podem levar a novas descobertas. O constructo *crowdfunding* se constitui em um fenômeno mundial, que pode inspirar mais buscas científicas nas ciências sociais aplicadas, através de sua conjugação com outros constructos e âmbitos.

7 REFERÊNCIAS

AAKER, D. A. *Administração estratégica de mercado*. 5. ed. Porto Alegre: Bookman, 2001.

ABStartups (2016). Disponível em: <www.abstartups.com.br.>. Acesso em: 25 de novembro de 2016.

AFUAH, A. *Models of innovation. In: ______. Innovation management: strategies, implementation and profit.* New York: Oxford University Press, 1998. p. 13-46.

ANDREWS, K. R. et al. *Concept of corporate strategy*. New York: Oxford University Press 1971. Cap 5, p.52-59.

ANSOFF, H. I. *A model for diversifcation.* **Management Science**, v. 4, i. 4, p. 392-414, 1958.

ANSOFF, H. I. *Corporate strategy: an analytic approach to business policy for growth and expansion.* New York: McGraw-Hill, 1965.

ANSOFF, H. I., McDONNELL, E.J. *Implantando a administração estratégica*. São Paulo: Atlas, 1993.

AUDRETSCH , D. B. *Determinants of High-Growth Entrepreneurship Report prepared for the OECD/DBA International Workshop on —High-growth firms: local policies and local determinants‖*, University of Indiana – United State, Copenhagen, 28 March 2012.

BAECK, P.; COLLINS, L. *Working the Crowd: A short guide to crowdfunding and how it can work for you.* London: Nesta, 2013.

Bandeira-de-Mello, R. *Software em pesquisa qualitativa.* In C. Godoi, R. Bandeira-de-Mello & A. Silva, *Pesquisa qualitativa em estudos organizacionais: paradigmas, estratégias e métodos* (1st ed.). São Paulo: Saraiva, 2006.

BARDIN, L. *Análise de conteúdo***.** São Paulo: Edições 70, 2011.

BARNEY, J. *Resource-based theories of competitive advantage: a ten-year retrospective on the resource-based view*. **Journal of Management**, v. 27, n. 6, p. 643-650, 2001.

BARNEY, J.; HESTERLY, W.S. *Administração Estratégica e Vantagem Competitiva*. São Paulo: Pearson Prentice Hall, 2007.

BATAGLIA, W.; MEIRELLES, D. S. E. *Population Ecology and Evolutionary Economics: Toward an Integrative Model*. **Management Research**, v. 7, i. 2, p. 870- 101, 2009.

BERNARDES, Bartos; LUCIAN, Rafael. *Comportamento de consumidores brasileiros e portugueses em plataformas de crowdfunding.* **Rev. Portuguesa e Brasileira de Gestão**, Lisboa, v. 14, n. 1, p. 26-36, mar. 2015.
Disponível em <http://www.scielo.mec.pt/scielo.php?script=sci_arttext&pid=S1645-44642015000100004&lng=pt&nrm=iso>. Acessado em 07 nov. 2017.

BELLEFLAMME, P. LAMBERT ,T.,SCHWIENBACHER, A. *Crowdfunding: Tapping the right crowd.* **Journal of Business Venturing**, This version: July 9, 2013

BELLEFLAMME, P. LAMBERT, Thomas; SCHWIENBACHER, Armin. *Individual crowdfunding practices.* **Venture Capital**, v. 15, n. 4, p. 313-333, 2013.

BNDES - BANCO NACIONAL DO DESENVOLVIMENTO. Classificação de Porte dos Clientes. Brasília: BNDES. Disponível em: <http://www.bndes.gov.br/wps/ portal/site/home/finan>. Acesso em 16 out. 2017.

BULMER, M. *Sociological research methods.* London: Macmillan, 1977.

BURKETT, Edan. *Crowdfunding Exemption-Online Investment Crowdfunding and US Secrutiies Regulation*, A. Transactions: Tenn. J. Bus. L., v. 13, p. 63, 2011.

CALVOSA, M; FREITAS, J. ANGEL INVESTOR: *Empreendedorismo fomentado através de uma nova modalidade de investidor.* **Revista Caderno de Administração** ano, v. 1, 2008.

CÂNDIDO, A. C., Inovação Disruptiva: *Reflexões sobre as suas características e implicações no mercado,* IET Working Papers Series, WPS05/2011, 27 pp

CAO, X.; ZHANG, X.; X.I, Y. *Ambidextrous organization in harmony: A multi-case exploration of the value of HeXie management theory.* **Chinese Management Studies**, v. 5, i. 2, p. 146-163, 2011.

CATARSE; CHORUS. *Retrato do financiamento coletivo no Brasil.* Disponível em: < http://pesquisa.catarse.me> acessado em nov 2016.

CERVO, A.L., BERVIAN, P.A. *Metodologia científica.* 4. ed. São Paulo: Makron Books, 1996.

CHANDLER, A. D. *Strategy and Structure: Chapters in the History of the Industrial Enterprise.* Cambridge: Massachusetts Institute of Technology, 1962.

CHESBROUGH, H. *The logic of open innovation: managing intellectual property.* **California Management Review**, v. 45, n. 3, p. 33-58, 2003.

CHESBROUGH, H. W.; APPLEYARD, M. M. *Open innovation and strategy.* **California management review**, v. 50, n. 1, p. 57-76, 2007.

COLLIS, J., HUSSEY, R. **Pesquisa em Administração.** 2ª. Ed. Ed. Bookman, São Paulo, 2005.

CORREIA, João Pedro Tavares. *O financiamento de documentários através de acções de crowdfunding.* 2008. Dissertação (Mestrado) Universidade de Aveiro, 2012. Disponível em: <http://ria.ua.pt/bitstream/10773/9864/1/dissertacao.pdf>. Acesso em: 08 nov. 2017.

CORRÊA, M. M. *Público alvo das ofertas públicas de títulos de dívida conversíveis em participação societária ofertados por meio de plataformas de equity crowdfunding.* 2016.

CRESWELL, J.W. *Projeto de pesquisa: métodos qualitativo, quantitativo e misto*. 3. ed. Porto Alegre: Artmed, 2010.

DALFOVO, M.S., LANA, R.A. SILVEIRA, A. *Métodos quantitativos e qualitativos: um resgate teórico.* **Revista Interdisciplinar Científica Aplicada**, Blumenau, v.2, n.4, p.01-13, 2008.

DESIDÉRIO, P.H.M, ZILBER M.A, *A inovação aberta na perspectiva da hélice tríplice: observações da relação universidade-empresa na transferência tecnológica.* **Revista GEINTEC** –São Cristóvão/SE – 2016. Vol. 6/n. 2/ p.3209-3225 3210

DENZIN, NK., LINCOLN, YS. *Handbook of qualitative research.* (2 Ed.). Thousand Oaks, Califórnia: Sage Publications, 2000.

DE SÁ, MILLER G. C. *O Capital de Risco Aplicado em Start-Ups no Brasil: Uma Reflexão Sobre O Ecossistema dos Empreendimentos Inovadores a Partir da Visão do Investidor*. **Revista de Gestão, Finanças e Contabilidade**, v. 7, n. 1, p. 97-120, 2017.

DUARTE, Rosália. *Entrevistas em pesquisas qualitativas.* **Educar em revista**, n. 24, 2004.

DRUCKER, P. F. *Inovação e espírito empreendedor (entrepreneurship): prática e princípios.* São Paulo: Pioneira Thonsom, 2003 (Tradução: Carlos J. Malferrari).

DRUCKER, P. F. *Administrando para o futuro.* Cengage Learning Editores, 1998.

ENDEAVOR, Venture Capital: *O que é e como conseguir*, Endeavor Brasil, 25 jul 2015. Disponível em:< https://endeavor.org.br/venture-capital/. > Acessado em 08 nov 2017.

BLANK, S. *Construir, Medir, Aprender? Entenda as formas de validar seu neg*ócio. Endeavor Brasil, São Paulo, 23/07/2015. Disponível em: https://endeavor.org.br/construir-medir-aprender/

ESTRELLA, A.; BATAGLIA, W. *A Influência da Rede de Alianças no Crescimento das Empresas de Biotecnologia de Saúde Humana na Indústria Brasileira.* **Revista Organizações & Sociedade**, Salvador, v. 20, n. 65, p. 321-340, 2013.

FACHIN, O. *Fundamentos De Metodologia.* São Paulo: Saraiva, 2001.

FARINA, E.M; SAES, M.S.M; DE AZEVEDO, P.F. *Competitividade: mercado, estado e organizações*. São Paulo: editora Singular/FAPESP/PENSA, 1997. P 19-111.

FERREIRA, A. B. H. *Novo dicionário da língua portuguesa.* 2.ª edição. Rio de Janeiro. Nova Fronteira. 1986. p. 385.

FERREIRA,R. *Empreendedores criam chopeira que enche copo de baixo para cima.* **Diário, Comércio, Indústria & Serviços**, São Paulo, 16/05/2017. Acessado em 11/11/2017 Disponível em: http://www.dci.com.br/servicos/empreendedores-criam-chopeira-que-enche-copo-de-baixo-para-cima-id620342.html

FLEURY, A. C. C. et al. *Gestão de Competências para a Produção Industrial de Serviços*. In: BRABIA, R.; GALINA, S. V. R. (Ed.). Gestão da inovação no setor de telecomunicações. São Paulo: USP, 2004.

FLICK, U. *Métodos de Pesquisa: introdução à pesquisa qualitativa.* 3ª Ed. Porto Alegre: Artmed, 2009.

FOSS, K; FOSS, N. *Resources and transaction costs: how property rights economics furthers the resource-based view.* **Strategic Management Journal**, v. 26, n. 6, p. 541-553, 2005.

FUNDACITY. *Investment Report Brazil First Semester 2015.* **Fundacity Investment Report,** São Paulo 2015. Disponível em: www.fundacity.com/investment-report-brazil-2015. Acesso em 14 maio de 2017.

GIBBS, G. *Análise de Dados Qualitativos.* 1. Ed. Porto Alegre, Artmed, 2008.

GIBBS, G. *Análise de dados qualitativos.* Tradução Roberto Cataldo Costa; consultoria, supervisão e revisão técnica desta edição Lorí Viali. – Dados eletrônicos. – Porto Alegre : Artmed, 2009.

GIBBS, G., FLICK, U. *Análise de dados qualitativos.* Porto Alegre: Artmed, 2009.

GIL, A. C. *Como elaborar projetos de pesquisa.* 4. ed. São Paulo: Atlas, 2008.

GITAHY, Y. *O que é uma start up.* **Revista Exame** online, fev de 2016. Disponível em: http://exame.abril.com.br/pme/o-que-e-uma-startup/ Acessado em 23/11/2016

GOMPERS, P. A.; LERNER, J. *The venture capital cycle*, Cambridge: Massachusetts Institute of Technology, 2004.

GRANT, R. M. *Contemporary Strategy Analysis: Concepts, Techniques, Applications.* Oxford: Blackwell Publishers.1998. *Ltd*, *16*, 17.

GRANT, R.M., *The Resource-Based Theory of Competitive Advantage: Implications for Strategy Formulation.* **Californian Management Review**, p. 114-135,1991.

HALL, R. H. *Mudança.* In: HALL, R. H. *Organizações: estrutura, processos e resultados.* 8. ed. São Paulo: Person Prentice-Hall, 2004.

HEMER, Joachim et al. *A snapshot on crowdfunding.* Fraunhofer, ISI, 2011.

HOWE. J. *"Crowdsourcing: Why the Power of the Crowd Is Driving the Future of Business".* **Crown Business**, New York, 2008 (ebook) http://www.forbes.com/sites/natalierobehmed/2013/12/16/what-is-a-startup/#402007824c63 Acessado em 24/11/2016 as 09:25

HAGUETTE, Teresa Maria Frota. *Metodologias qualitativas na Sociologia.* 5ª edição. Petrópolis: Vozes, 1997.

JUSTO, G. D. *Crowdfunding no Brasil.* 2015.

KARRER, D.; FLECK, D. *Organizing for ambidexterity: A paradox-based typology of ambidexterity-related organizational states.* **BAR - Brazilian Administration Review**, v. 12, i. 4, p. 365-383, 2015.

LINCOLN, Y.S. *The American tradition in qualitative research.* Vol. II. Thousand Oaks, California: Sage Publications, 2001.

LONGHI, F. *A história da revolução das startups.* Artigo I. Imasters, 2011. Disponível em: http://imasters.com.br/artigo/20027/mercado/a-historia-da-revolucao-das-startups/ . Acessado em: 24/11/2016 às 09:50

LIRA, A. *Startup cria plataforma de reforço online com estudantes no lugar dos professores.* **Pequenas Empresas & Grandes Negócios**, São Paulo, ed Globo, 29/06/2016. Acessado em 11/11/2017 Disponível em:
http://revistapegn.globo.com/Startups/noticia/2016/06/startup-cria-plataforma-de-reforco-online-com-estudantes-no-lugar-dos-professores.html

MALHOTRA, NK. *Marketing research: an applied orientation.* New Jersey: Prentice-Hall, 1993.

MANUAL DE OSLO. *Manual de Oslo: diretrizes para coleta e interpretação de dados sobre inovação.* 3ª. Ed. Brasília, OCDE, Finep, 2005.

MARTINS, G. *Manual para elaboração de monografias e dissertações.* 2. ed. São Paulo: Atlas,1994.

MASSOLUTION/CROWDSOURCING.ORG 2015CF CROWDFUNDING INDUSTRY
http://reports.crowdsourcing.org/index.php?route=product/product&product_id=54
March 31, 2015. Acesso em 25 de novembro de 2016.

MATTAR, F. N. *Pesquisa de marketing.* 3.ed. São Paulo: Atlas, 2001.

MENDONÇA, R. U. DE, MACHADO, L. H. M. *Análise do Crowdfunding no empreendedorismo brasileiro – características e tendências.* **SADSJ – South American Development Society Journal** | Vol.1 | Nº. 3 | Ano 2015

MINISTÉRIO DA CIÊNCIA, TECNOLOGIA E INOVAÇÃO. *Startup Brasil. Programa nacional de aceleração de Startups de Base Tecnológica*, Brasília, 2014.

MINTZBERG, H.; AHLSTRAND, b.; LAMPEL, J. *Safári de estratégia: Um roteiro pela selva do planejamento estratégico.* Porto Alegre: Bookman, 2000.

MINTZBERG, H.; LAMPEL, J.; QUINN, J.; GHOSHAL, S. *O processo da estratégia: Conceitos, contextos e casos selecionados.* Porto Alegre: Bookman, 2006.

MORAES, R. R. et al. *Empreendedorismo Start Up: um Estudo de Caso em uma Empresa de tecnologia no Estado do Pará.* Simpósio de Excelência em Gestão e tecnologia, 2012.

MOZZATO, A.R., GRZYBOVSKI, D. *Análise de Conteúdo como Técnica de Análise de Dados Qualitativos no Campo da Administração: Potencial e Desafios*. **Revista de Administração Contemporânea**, Curitiba, v. 15, n. 4, pp. 731-747, Jul./Ago. 2011.

MOZZATO., A., GRZYBOVSKI, D., TEIXEIRA, A. (2016). *Análises Qualitativas nos estudos organizacionais: as vantagens no uso do software NVivo*. ***Revista Alcance***, *23*(4), 578-587.

MULLER, A; VÄLIKANGAS, L; MERLYN, P. *Metrics for innovation: guidelines for developing a customized suite of innovation metrics*. **Strategy & Leadership**, v. 33, n. 1, p. 37-45, 2005.

NAKAGAWA, M. H. *Empresa Inovadora de Base Tecnológica: Um Modelo de Desenvolvimento para o Contexto Brasileiro*. 2008. 214p. Tese (Doutorado) - Escola Politécnica da Universidade de São Paulo. Departamento de Engenharia de Produção, São Paulo.

NELSON, R. R.; WINTER, S. G. *An Evolutionary Theory of Economic Change*. Cambridge: Harvard University Press, 1982.

NONAKA, I; TAKEUCHI, H. *Criação de conhecimento na empresa*. Rio de Janeiro: Elsevier Brasil, 2004.

OLABUENAGA, J.I.R., ISPIZUA, M.A. *La descodificacion de la vida cotidiana: metodos de investigacion cualitativa*. Bilbao, Universidad de Deusto,1989.

OLIVEIRA, S.L. *Tratado de metodologia científica*. São Paulo: Pioneira,1997.

OLIVEIRA, T.M.V de. *Amostragem não probabilística: adequação de situações para uso e limitações de amostras por conveniência, julgamento e quotas*. **Administração on line**, v. 2, n. 3, p. 1-16, 2001.

OSTERWALDER, Alexander; PIGNEUR, Yves. *Business model canvas*. Self published. Last, 2010.

PEREIRA, V.S, ZILBER, M.A, *Vantagem Competitiva Por Meio Da Inovação Em Empresas Incubadas Em Um Parque Tecnológico*. **RACE**, Joaçaba, v. 16, n. 1, p. 65-94, jan./abr. 2017

PETERAF, M. A. *The Cornerstones of Competitive Advantage: A Resouce-Based View*. **Strategic Management Journal**, v. 14, i. 3, p. 179-191, Mar. 1993.

POETZ, M.K.; SCHREIER, M. *The value of crowdsourcing: can users really compete with professionals in generating new product ideas?* **Journal of Product Innovation Management**, v. 29, n. 2, p. 245-256, 2012.

PORTER, M. E. *Estratégia Competitiva: técnicas para análise de indústrias e da concorrência*. 17. ed. Rio de Janeiro: Campus, 2004.

POWELL, W.W.; GRODAL, S. *Networks of innovators*. The Oxford handbook of innovation, p. 56-85, 2005.

REBELO, PAULO. *Bussiness Model Canvas, passo a passo.* 31 jan 2012. Disponível em: <https://www.infoq.com/br/articles/business-model-canvas-introducao> Acessado em 08 nov 2017.

PRAHALAD C. K., HAMEL, G. *Competindo pelo futuro: estratégias inovadoras para obter o controle do seu setor e criar os mercados de amanhã.* Rio de Janeiro: Campus, 1995.

PRESSER, Alexandra et al. *Crowdfunding e crowdsourcing como meio de viabilizar inovação.* **Revista Triades**, v. 5, n. 1, 2017.

RICHARDSON, R. (Coord.). *Pesquisa social: métodos e técnicas.* São Paulo: Atlas,1989.

RICHARDSON, R. J. *Pesquisa social: métodos e técnicas.* 3. ed. São Paulo: Atlas, 2007.

RIES, E. - *The lean startup.* 1st ed. Editora Crown Business: New York, 2011

RIES, E. *A startup enxuta: como os empreendedores atuais utilizam a inovação contínua para criar empresas bem-sucedidas.* São Paulo: Leya, 2012. 259 p.

ROBEHMED, N. *What Is A Startup?* **Revista Forbes**, dezembro, 2013 disponível em:< > Acessado em 25/11/2016.

ROBERTSON, T. S. *Em prol da revitalização.* In: ______. *Financial times* dominando administração. São Paulo: Makron, 1999. p.193-199.

RODRIGUES, P.L. (2016) *Empreendedorismo no Brasil: um olhar sobre as startups.* 2016. Disponível em <http://hdl.handle.net/10183/148414>. Acessado em: 24/11/2016

ROESCH, S.M.A. *Projetos de Estágio e de Pesquisa em Administração*. 3. ed. Atlas, São Paulo, 2005.

ROSE, D. Angel Investing: *The Gust Guide to Making Money and Having Fun Investing in Startups.* 1 ed. Hoboken, Nova Jersey. Wiley. 2014. 304 p.

RUDIO, F.V. *Introdução ao projeto de pesquisa científica.* 9. ed. Petrópolis: Vozes,1985.

SAMPIERI, R.H., COLLADO, C.F., LUCIO, PB. *Metodología de la investigación.* México: McGraw-Hill, 1991.

SANTOS, A.R. *Metodologia Científica: a construção do conhecimento.* 7. ed. Rio de Janeiro: Lamparina, 2007.

SARKAR, S. *Empreendedorismo e inovação.* Escolar Editora, 2010.

SCHUMPETER, J. A. *Teoria do desenvolvimento econômico: uma investigação sobre lucros, capital, crédito, juro e o ciclo econômico.* São Paulo: Abril Cultural, 1982.

SCHWIENBACHER, A; LARRALDE, B. Crowdfunding of small entrepreneurial ventures. **Handbook of entrepreneurial finance**, Oxford University Press, Forthcoming, 2010.

SEBRAE - SERVIÇO BRASILEIRO DE APOIO ÀS MICRO E PEQUENAS EMPRESAS; DIEESE - DEPARTAMENTO INTERSINDICAL DE ESTATÍSTICA E ESTUDOS SOCIECONÔMICOS. **Anuário do Trabalho na Micro e Pequena Empresa**. São Paulo: SEBRAE, p. 1-288, 2013.

SELLTIZ, C., WRIGHTSMAN, LS., COOK, SW. *Métodos de pesquisa das relações sociais.* São Paulo: Herder, 1965.

SEKARAN, U. *Research Methods for Business: A Skill Building Approach.* 4. ed. New York: John Wiley & Sons, Inc., 2003.

SILVA, C. G. da et al. *O perfil dos empreendedores nas startups: um estudo de caso na incubadora tecnológica de Santa Maria.* In: 2º Fórum internacional Ecoinovar. Santa Maria, 2013. Anais.

SILVA, W. S, FREITAS J. C. *A abordagem sistêmica para o crowdfunding no brasil. um estudo exploratório – visão sistêmica dos negócios.* ***Revista Gestão & Conhecimento*** ISSN 1808-6594 EDIÇÃO ESPECIAL – Nov/2012. Disponível em<http://www.pucpcaldas.br/graduacao/administracao/revista/artigos/esp1_8cbs/20.pdf> Acessado em 07 de Nov de 2017.

SILVEIRA, J.M.F.J; DAL POZ, M.E; ASSAD, A.L. *Biotecnologia e recursos genéticos: desafios e oportunidades para o Brasil. Biotecnologia e recursos genéticos: desafios e oportunidades para o Brasil.* Campinas: Instituto de economia/ FINEP, 2004.

SPINA A. C. *Investidor Anjo: Como Conseguir Investidores para seu Negócio.* 2ed. São Paulo. nVersos. 2015. 157 p.

STRAUSS, A. CORBIN, J. *Basics of Grounded Theory Methods.* Beverly Hills, CA.: Sage, 1990.

STEFFEN, C. *Meios digitais participativos e economia criativa: uma exploração das plataformas Brasileiras de crowdfunding.* ***Intexto***, n. 32, p. 156-171, 2015.

TABORDA, A. *O que é uma Start-up.* ***Suplemento*** *DIA D, do Público*, 2006.

TEECE, D.J. *Profiting from technological innovation: Implications for integration, collaboration, licensing and public policy.* ***Research policy***, v. 15, n. 6, p. 285-305, 1986.

THOMPSON, A.et al. *Strategic management: Concepts and cases.* McGraw-Hill/Irvin, 2001.

TIDD, J.; BESSANT, J.; PAVITT, K. *Gestão da inovação.* Porto alegre: Brokman, 2008. Tradução de Elizamari Rodrigues

TRIVIÑOS, A. *Introdução à pesquisa em ciências sociais: a pesquisa qualitativa em educação.* São Paulo: Atlas, 1987.

VANHAVERBEKE, W; CLOODT, M. *Open innovation in value networks: Open innovation: Researching a new paradigm*, p. 258-281, 2006.

VASCONCELOS, F.C.; CYRINO, A.B. *Vantagem competitiva: os modelos teóricos atuais ea convergência entre estratégia e teoria organizacional*. **Revista de administração de empresas**, v. 40, n. 4, p. 20-37, 2000.

VOSS, G. B.; VOSS, Z. G. *Strategic Ambidexterity in Small and Medium-Sized Enterprises: Implementing Exploration and Exploitation in Product and Market Domains*. **Organization Science**, v. 24, i. 5, p. 1459-1477, 2013.

WEBER, ROLF H.; WEBER, ROMANA. *Internet of things*. New York, NY, USA: Springer, 2010.

WHITTINGTON, R. *O que é estratégia*. São Paulo: PioneiraThomson Learning, 2002.

YIN, R. K. *Estudo de Caso: Planejamento e Métodos*. 2a. ed. Porto Alegre: Bookman, 2001.

APENDICE A – MATRIZ DE AMARRAÇÃO E ROTEIRO DE ENTREVISTA

OBJETIVO ESPECÍFICO	CONSTRUCTO/ÂMBITO	CATEGORIA	QUESTÃO	REFERENCIAL TEÓRICO
Ser uma startup de base tecnológica	Âmbito - *startup*	Caracterização como *startup*	1) Quando se deu o início da empresa? 2) Qual o seu número de colaboradores no início? 3) Qual o seu número de colaboradores atual? 4) Qual o faturamento em 2016?	(GITAHY, 2016; LONGHI, 2011; RIES, 2011; MORAES, et al, 2012; ROBEHMED,2013; AUDRETSCH, 2012; LONGHI, 2011; RODRIGUES, 2016; RIES, 2012; OSTEWALDER, 2010; ABStartups, 2016; SILVA et al., 2013; ROCHA, 2008; NAKAGAWA, 2008 SPINA, 2015; DE SÁ, MILLER 2017)
a) Verificar se *startups* de base tecnológica no brasil, fazem uso do *crowdfunding*;	Crowdfunding	Crowdfunding utilizado como estratégia	5) A empresa tentou outras formas de financiamento? 6) Como souberam do Crowdfunding? 7) Quais os motivos que levaram a escolha pelo Crowdfunding? 8)O seu projeto passou por modificações, alterações para o Crowdfunding?	(LARRALDE, SCHWIENBACHER, 2010; GOMPERS, LERNER, 2004; BURKETT, 2011; MENDONÇA, MACHADO, 2015; BAECK, COLLINS 2013; STEFFEN, 2015; BERNARDES, LUCIAN 2015; CORREIA 2012; MENDONÇA, MACHADO, 2015; CORRÊA, 2016; PRESSER, 2017)
b) Identificar os tipos e formas de *crowdfunding* utilizado pelas *startups* de base tecnológica;		Característica e tipo do Crowdfunding. Quais os resultados obtidos com a campanha.	9) Como foi o processo de escolha da plataforma de crowdfunding? 10)Como se deu a escolha do tipo de Crowdfunding? 11) Como se deu o processo de planejamento da campanha de Crowdfunding? 12) Além dos recursos levantados na campanha. Algo mais se ganhou com o processo de crowdfunding?	

c)Identificar as formas e níveis de inovação encontrados na operação das *startups*.		Nível de Inovação dentro da organização.	13) Quais são os produtos/serviços da sua empresa? Como se deu este desenvolvimento? 14)Como são os processos de produção ou prestação de serviços da empresa? Cite exemplos? 15) Buscam-se parcerias e sociedades para alavancar os produtos e serviços? 16) Caso afirmativo, como sido a experiência com estas parcerias? (contratos, termos de acordo)	(SCHUMPETER, 1982; AFUAH ,1998; OCED/FINEP, 2005; TIDD, BESSANT, PAVITT, 2008; DRUCKER, 2003; MULLER, VALIKANGAS; MERLYN, 2005; NONAKA, TAKEUSHI, 2004; FARINA, AZEVEDO, SAES, 1997; SILVEIRA, DAL POZ, ASSAD,2004; PAVITT, 1992; BIRKINSHAW; BARSOUX, 2011; CHESBROUGH, 2003 ESTRELLA, BATAGLIA, 2013 BATAGLIA; MEIRELLES, 2009; DESIDÉRIO, ZILBER ,2016; PEREIRA, ZILBER, 2017)
d)Verificar se as *startups* de base tecnológica apresentam inovação como fator de inserção no mercado;	Inovação	Características e tipos de estratégias para inserção no mercado	17) Quais as estratégias que a empresa possui voltadas para a inovação? 18)A inovação da sua empresa está ganhando espaço no mercado? 19) Sua empresa possui produtos patenteados? Exemplifique. 20) Sua empresa possui estratégias voltadas para inserção/expansão no mercado?	

Printed by Books on Demand GmbH, Norderstedt / Germany